U0458409

新时代高校

"三全育人"

落实机制的构建与实践

XIN SHI DAI GAO XIAO "SAN QUAN YU REN"
LUO SHI JI ZHI DE GOU JIAN YU SHI JIAN

王宏舟 主编　　宋敏娟　郑卫东 副主编

上海三联书店

主　编　王宏舟

副主编　宋敏娟　郑卫东

编　委　邓叶芬　刘　源　蔡　霞　于光磊　徐　璐
　　　　徐　凌　刘绵琦

前　言

　　为深入学习贯彻习近平新时代中国特色社会主义思想和党的二十大精神,落实习近平总书记在全国高校思想政治工作会议上的重要讲话精神和关于教育的重要论述,教育部持续开展"三全育人"综合改革试点工作。上海在统筹推进学校思想政治各方面工作的同时,重点以建设全国首批"三全育人"的示范区作为抓手,落实好立德树人根本任务,回答好"培养什么人、怎样培养人、为谁培养人"的问题。

　　上海海洋大学作为上海市"三全育人"示范校建设单位,不断推动深化"三圈三全十育人"综合改革的创新做法,将党的创新理论有机融入"三全育人"工作当中,认真贯彻落实习近平总书记关于高校思想政治工作的重要论述,以立德树人为根本,围绕全员、全过程、全方位,持续构建体制机制,坚持分中心建设与全方位推进、思政小课堂与社会大课堂、海大特色与五育并举、线下优化与线上发力"四个结合",大力推进学校"三全育人"综合改革,着力培养有理想、敢担当、能吃苦、肯奋斗的新时代好青年,培养担当民族复兴大任的时代新人。作为世界一流学科建设高校,上海海洋大学发挥百十年来深厚的历史积淀和学科优势,加强育人品牌的建设与打造,围绕10个"一院一品牌"和17个"一中心一品牌",将第一课堂、第二课堂合理衔接,将课程思政、日常思政、网络思政、社会思政整合贯通。通过有力的组织实施机制、有效的过程管理机制、科学的考核评价机制、顺畅的联动协作机制,上海海样大学总结出一批可复制、可推广的新鲜经验,凝练出一系列理论成果。

习近平总书记始终坚持"实践、认识、再实践、再认识",彰显出马克思主义认识论和方法论的高度统一,展现了马克思主义者求真务实、知行合一、实践第一的内在品格与科学态度。为了进一步推进学校"三全育人"综合改革,借助前期在"三全育人"工作实践当中形成的认识,加强前述理论成果和实践工作案例的交流与推广,以期得到更多上级领导、专家学者、兄弟高校和社会各界人士的关心、指导与帮助,从而进一步助力学校对"三全育人"工作的再实践、再认识,深入推进新时代"双一流"建设,我们本次专门编写了《新时代高校"三全育人"落实机制的构建与实践》一书。本书旨在探讨新时代高校"三全育人"落实机制的理论与实践,并分享在育人过程中的经验和成果。希望通过深入研究和交流,能为学校育人工作的改革创新提供有益的借鉴和启示。

本书的编写得到了上海市教委工作党委和学校领导的悉心关怀与指导,得到了学校各个部门和各个学院的热心帮助与支持。由于时间仓促和水平所限,书中难免有瑕疵之处,恳请各位领导、老师和朋友们斧正!

本书编委会
2023 年 8 月

序　言

　　"培养什么人、怎样培养人、为谁培养人"是教育的根本问题,也是建设教育强国的核心课题。习近平总书记强调,育人的根本在于立德,全面贯彻党的教育方针,落实立德树人根本任务,培养德智体美劳全面发展的社会主义建设者和接班人。对于高校而言,思想政治教育之基在于立德树人,思想政治教育之要在于"三全育人"。"三全育人"是加强和改进高校思想政治工作的系统工程,也是落实立德树人根本任务的有效路径,全面构建"三全育人"体系是高校治理能力和治理现代化的重要内容,是对育人机制、方法和模式的一次深刻变革。

　　2020 年 4 月,教育部等八部委在《关于加快构建高校思想政治工作体系的意见》中指出,要以建立完善全员、全程、全方位育人体制机制为关键,全面提升高校思想政治工作质量。近年来,从文件精神和高校实践来看,建立完善的"三全育人"体制机制对于保障教育质量、推动教师教育改革、促进学生综合素质发展及加强学与用的衔接具有重要意义,为高校落实立德树人根本任务提供了组织机构、政策措施和评估制度的支持,贯通了学科体系、教学体系、教材体系、管理体系,推动构建目标明确、内容完善、标准健全、运行科学、保障有力、成效显著的高校思想政治工作体系。

　　上海海洋大学作为上海市"三全育人"示范建设校,始终秉承"渔界所至,海权所在"的创校使命,笃行"勤朴忠实"的校训精神,坚持"把论文写在世界的大洋大海和祖国的江河湖泊上"的办学传统,紧紧抓住教师队伍"主力军"、课程建设"主战场"、课堂教学"主渠道",在育人新格局建设、育人工作体系建设、育人工作评价机制、特色育人打造、育人实效构建等方面进行了卓有成效的探索,打造了四级责任、十七大育人中心、十大育人品牌的"三全育人"体系,努力构建"双一流"要求的高水平特色大学育人新格局。上海海洋大学开发了具有海洋特色的"大国海洋"等系列课程,入选了首批"全国高校黄大年式教师团队",打造了"行走的课堂"社会实践特色品牌项目,涌现了如中国优秀青年志愿者何睿杰等一批学生典型。上海海洋大学通过育人实践,课堂主渠道作用更加凸显,教师育德意识和能力不断提高,学生理想信念更为坚定,为上海争创全国高校"三全育人"示范区注入蓝色力量。

《新时代高校"三全育人"落实机制的构建与实践》一书,是对上海海洋大学育人理念和实践的集中展示与总结。本书系统梳理了上海海洋大学在"三全育人"机制构建方面的经验和成果,旨在分享这一成功经验,为其他高校和育人工作者提供借鉴与参考。希望此书能够帮助大家更好地把握"三全育人"的丰富内涵,在新形势下做到主动超前布局、有力应对变局、奋力开拓新局,加快推进教育现代化,以教育之力厚植人民幸福之本,以教育之强夯实国家富强之基,为全面推进中华民族伟大复兴提供有力支撑。

最后,祝愿上海海洋大学及各高校将"三全育人"机制构建的探索之路越走越宽广,越来越多的优秀人才在这里获得滋养浸润,为强国建设作出更大贡献!

上海市政府重大行政决策咨询专家、上海大中小学思政
教育一体化专委会主任
原上海市人大外事委主任、教育部思想政治理论课教学指导委员会副主任、
形势与政策教学指导委员会主任、上海市哲学社会科学联合会副主席、
上海市教卫党委副书记、市教委副主任

目　录

4

案例

大中小一体化视角下开展水上运动校际育人的实践
——以上海海洋大学为例

上海海洋大学体育部／孙　健　陈　曦　宋志方

一、基本情况介绍

党的二十大报告提出，要"用社会主义核心价值观铸魂育人，完善思想政治工作体系，推进大中小学思想政治教育一体化建设"。习近平总书记在学校思想政治理论课教师座谈会上指出："在大中小学循序渐进、螺旋上升地开设思想政治理论课非常必要，是培养一代又一代社会主义建设者和接班人的重要保障。"教育部也在 2021 年 11 月进一步明确了大中小一体化育人的要求。在此指导思想和视角下，近年来，上海海洋大学以龙舟、赛艇、游泳、水球、桨板、水畔营地等为核心，建立具有特色的水上运动体系，深入践行体育育人、全员育人精神，在群众性体育活动的普及上下功夫，为竞技体育的发展奠定基础。上海海洋大学全体师生积极参加体育健身和竞技体育活动，以实际行动贯彻落实习近平总书记关于体育的重要论述，为体育强国建设贡献力量。此外，上海海洋大学充分发挥水上运动优势，联合华东师范大学、临港一中、建平临港小学等大学、中学和小学，深入各校园，牵手一线师生，打造水上运动联盟，积极开展校际体育育人工作，取得了显著的育人成效。

二、具体做法

(一) 校校联合,打造运动联盟

上海海洋大学积极响应中共中央办公厅、国务院办公厅《关于全面加强和改进新时代学校体育工作的意见》的号召,加强与地方中小学的联系,主动寻求中小学教学实践和科研平台,建立中小学教学科研实验基地,为助力校园体育、落实"双减"教育目标、积极探索"五育并举"教学理念的创新奠定基础。为此,上海海洋大学体育部主动与临港一中、建平临港中学、建平临港小学等校联系,通过校际合作,在赛艇、帆船等项目上"大手牵小手",帮助中小学建成和提升水上运动项目,锻炼参赛师生身体、锤炼意志,达到一体化育人目的。

此外,上海海洋大学体育部还积极与海军军医大学、华东师范大学等校联系,开展赛艇运动的交流和培训,同时用好2018年首届"上海临港·南汇新城杯"陆上划船器精英挑战赛、2019年上海海洋大学水上运动会桨板球比赛暨南汇新城镇桨板球邀请赛、建成上海临港·青少年健康促进与运动表现训练基地等契机,与多个大学结成了运动联盟,立体式、交叉式开展体育育人工作。

通过以上的校际交流、合作,上海海洋大学师生较为深刻地了解了其他大中小学的体育现状和育人特点,也明确了各校的运动需求和育人不足,在促进学校体育师生专业素养和教学能力成长、优化体育专业教育革新、深化产教融合发展等方面,具有显著的提升效力。同时,以上交流与合作还能助力校园体育运动、促进师生成长,实现各校双赢的结果。

(二) 老师结对,建立专业队伍

上海海洋大学与其他学校的合作特点之一,是深度的师资力量结合。为了进一步做好体育育人工作,上海海洋大学采取了老师结对帮扶的方式。上海海洋大学派出专业老师,与对方学校的体育老师结对,以团队合作的方式,密切沟通、共同研判,针对学生的具体体质和接受能力,不断修改教案和训练方法,在赛艇、帆船等水上运动项目上不断突破,取得立德树人、体育育人的实效。

以上海海洋大学与建平临港小学的帆船、赛艇合作为例,在上海海洋大学体育部与建平临港小学的体育部负责人洽谈确立合作意向后,由上海海洋大学体育部牵头,确定上海海洋大学体育部教师、教育部高水平赛艇队主教练孙健作为总指导教练,与建平临港小学的体育老师联动,入校调研、定期碰头。针对学生的特点,上海海洋大学与建平临港小学制定了周密、科学的训练计划,并在实践中不断加以调整和优化。

上海海洋大学的专业老师通过手把手的经验传授和点对点的沟通交流,打造了一支带不走的师资力量和培训队伍,帮助中小学老师成长。与此同时,上海海洋大学的体育部老师也在交流、结对过程中得到了专业技能的成长和立德树人的个体教育。在外培总结中,上海海洋大学的老师认为,参加结对工作进一步扩展了自己水上运动培训的受众面,拓展了教育的对象,也促进了自我反思和成长,有助于以后在更加广阔的发展道路上前进,并且他们也为帮助其他学校的师生成长而感到自豪。

(三) 学生互助,在育他中成长

大中小一体化水上运动项目的育人特点还在于各校学生的融合、互助。在学生彼此的磨合过程中,不但淬炼了运动技能、提高了身体素质,还增进了彼此的感情,从而促进了学生心理的良性发展,增强了他们的责任感、奉献精神和集体主义精神。由于项目的亲水性质,训练需要依托上海海洋大学优质的水域条件和较为完善的训练场地。项目实施过程中,上海海洋大学的学生积极帮助其他学校的学生掌握水上运动技能,从而极大地促进了学生的爱国荣校情怀,让他们深深以学校优良的自然条件、国家严控的水质而自豪。

以上海海洋大学与临港一中的赛艇合作训练为例,项目实行三步走战术:第一步,在临港一中进行科普活动,激发出中学生对赛艇的兴趣,用兴趣引导运动;第二步,经过科普后,在兴趣人群中,按身高女生

165 cm 及以上、男生 170 cm 及以上的标准,选拔出适合训练赛艇的种子选手;第三步,上海海洋大学赛艇队的运动员为临港一中的小选手们制定了科学详细的训练计划,设定了科学的训练量,辅以专业的运动场地及专用运动器械。在保证训练安全的前提下,上海海洋大学赛艇队的运动员一对一地向中学生传授训练动作并进行详细指导。经过一段时间的互助学习和共同努力,成功打造出了临港一中的中学赛艇队,并准备参加后续的上海市相关赛艇比赛。

三、育人成效

上海海洋大学依托水上运动项目的学科优势,深入临港一中、建平临港小学等学校开展赛艇、帆船、龙舟、桨板和水畔营地教育等体育育人工作。项目实施以来,取得很多优异成绩。华东师范大学赛艇队通过与上海海洋大学赛艇队的共建训练,最终在 2022 年上海赛艇公开赛中夺得第五名的成绩;建平临港小学在浦东学校男子 OP 小帆船竞赛中取得第一名、第二名,在女子 OP 小帆船竞赛中取得第二名,在男子、女子 OP 小帆船基础组中双双包揽前三名;临港一中在上海市第十七届运动会上获得 OP 小帆船 A 组女子金牌、TOPPER 级长距离赛银牌、OP 级场地赛铜牌。

在上海海洋大学内部,参与大中小一体化水上运动项目育人的师生,也得到了极大的成长。师生们在体育运动中享受乐趣、增强体质、健全人格、锤炼意志、交流得失、扩展工作、学习的深度和广度,把体育运动、体育兴趣和体育能力转化为生命习惯,锻炼良好的身体素质和海洋人才特色技能,投身全面建设社会主义现代化国家崭新篇章,为开创新时代学校"双一流"建设新局面而努力。

面向信息类紧缺人才培养的产教协同育人模式探索与实践

上海海洋大学信息学院 / 袁红春

一、案例简介

上海海洋大学信息学院坚持新时代中国特色社会主义办学方向,立足上海、服务全国,构建新一代信息技术人才培养体系和平台,开设计算机科学与技术、软件工程、空间信息与数字技术、信息与计算科学、数据科学与大数据技术 5 个本科专业,培养基础扎实、实践能力强、综合素质高、富有创新精神的 IT 高级应用型人才,为国家和地方经济高质量发展提供人才支撑。

自 2013 年起,学院开始探索基于产教融合的校企协同育人模式,连续 10 年组织实施了短学期企业实训项目,构建了基于学生能力提升的产教融合协同育人框架。实训项目解决了传统人才培养质量与企业实际需求之间存在脱节的问题,同时也提高了学生的职业素养,增强了学生团队协作意识,提高了学生的抗压能力和创新能力。在实训实施过程中,学院要求学生发扬工匠精神,将执着专注、精益求精、一丝不苟、追求卓越的理念融入软件设计、代码编写和软件测试等每一个环节。学院激励青年学生投身新时代科技创新人才队伍,适应当今世界科技革命和产业变革的需要,勤学苦练、勇于创新、敢为人先,不断提高专业技能水平,为推动国家和地方经济高质量发展、落实制造强国战

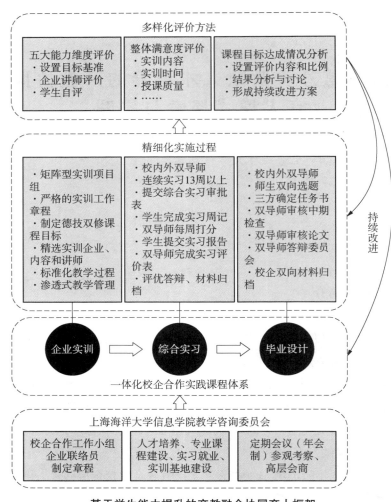

基于学生能力提升的产教融合协同育人框架

略、全面建设社会主义现代化国家贡献智慧和力量。

在校企协同育人过程中,学院坚持以学生实践创新能力提升为导向,构建了基于 OBE 理念的产教融合实践教学模式。下面以企业实训为例,介绍其闭环实施过程:

(一)标准化实施流程

企业实训课程的实施流程如下图所示。

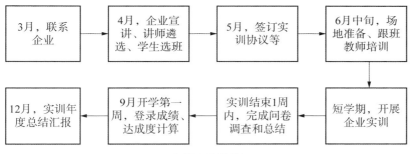

实训实施流程

（二）引入矩阵型实训项目小组，构建标准化企业实训管理体系

考虑到企业实训的覆盖面（5 个专业）、临时性（3月至 9 月）及管理有效性，我们组建了矩阵型实训项目小组，包括教学副院长（项目发起人）、教学助理（项目经理）、5 位专业主任、副书记、辅导员、实验员。实训项目小组制定了严格的工作章程、学生纪律、请假制度、记录表、巡视表等，用以确保实训工作顺利开展。同时，专业跟班老师的实训管理和监督机制，既保障了实训效果，也为专业老师提供了接触实际工程项目的机会，提高了其实践授课能力。

（三）精选实训内容、实训企业和企业讲师

所有实训课程均由专业主任根据培养方案和行业发展现状进行定制，并围绕企业开发过的真实案例展开。实训项目所选择的企业为设有校企合作培训部的知名 IT 企业，以及既有丰富的实战项目经验又有授课经验的企业。企业外聘教师的遴选标准是至少参与 3 年以上同方向的实战项目且总数不少于 3 个。通过讲课视频、线上试讲和面试的方式对讲师进行授课能力的考核，校内外老师一起打磨授课内容，以确保达到实训预期效果。

（四）基于 OBE 理念的教学过程

第一，以学生为中心，加强过程管理。实训项目小组成员和专业跟班教师通过微信工作群,每天在群里反馈实训过程中的各种问题;跟班老师加入学生实训班级群,获取学生在实训过程中的问题和要求。对于学生反馈的比较突出的问题,可以通过投票和问卷,及时获取学生意见和建议。利用微信群和问卷星等信息化手段,有效保障校企合作实训课程的过程管理。

第二,产出导向,实施多样化考核方式。实训项目倡导以能力产出为目标的考核方式,包括企业讲师评价和学生自评两个视角。企业讲师根据五大能力维度(分析复杂工程问题能力 20%、解决复杂工程问题能力 40%、团队合作能力 20%、项目交流能力 10%、抗压能力 10%)给出学生项目成绩;学生通过在线能力自评问卷自评能力提升水平。发放的实训整体满意度调查问卷是撰写总结报告和改进下一年度实训课程的重要依据。

第三,持续改进,提高课程目标达成度。为衡量企业实训效果,实训项目会对实训课程进行目标达成度分析。课堂表现由专业跟班老师评定,项目答辩和报告由企业讲师评定。对于得分较低的课程子目标,实训项目小组会进行讨论和分析,并给出对应的持续改进方案。

企业实训课程的考核与评价方式及成绩比例

专业技能实践	考核与评价方式及成绩比例(%)				
	课堂表现	评价标准	项目答辩和报告	评价标准	成绩比例(%)
课程目标1	5	是否能在分析项目问题时积极参与	14	是否有较强的项目问题分析能力	19
课程目标2	5	是否能在解决项目问题时积极参与	28	是否有较强的解决项目问题能力	33
课程目标3	10	是否有抗压求真精神	7	是否有较强的抗压能力	17
课程目标4	10	是否有团队意识和项目交流能力	21	是否有较强的团队合作和项目交流能力	31
合计	30		70		100

（五）将课程思政融入企业实训

为践行全方位育人,企业讲师负责学生职业素养的提升,通过企业项目案例和工作经验,在项目规范、协作进取、创新精神和工匠精神等方面对学生进行引导。跟班老师负责全过程跟踪,督促和鼓励学生提高抗压能力和培养责任意识,让他们能够克服困难,精益求精地完成团队项目。企业讲师和学生通过五大能力维度共计25个能力细则,对实训课程的德技产出进行评价。

二、育人成效

（一）深化校企合作,助推人才培养

自2013年起,上海海洋大学信息学院连续10年实施了企业实训项目,涵盖计算机科学与技术(大二和大三)、软件工程(大二和大三)、信息与计算科学(大三)、空间信息与数字技术(大三)、数据科学与大数据技术(大二)等5个专业,受益学生累计达到3891人;平均每年参与到短学期实训工作中的校内教师约25人,校外企业讲师及管理人员约22人。

（二）学生专业技能获得提升,满意度和课程目标的达成度较高

学生对企业实训项目的整体满意度连续10年保持在93%以上,五大能力维度得分比例基本都超过学院实践课的预设能力基准80%,且单项能力和综合能力得分比例均逐年提升。同时,5个专业的企业实训课程目标加权达成度均高于85%。

（三）产教协同育人的教研成果显著

学院的企业实训项目先后获颁上海海洋大学优秀实习基地3次、实习教学先进个人2次、优秀实践项目3次、校级教学成果奖一等奖2次及二等奖2次,并入选2020年校级在线教学优秀案例。同时,该成果获得校级重点教改项目、校级教学团队、上海高校本科重点教改项目、上海市级新工

科研究与改革实践项目、上海高校大学计算机课程教学改革项目及教育部产学合作协同育人项目的资助,并已发表核心期刊教研论文 5 篇、一般教研论文近 10 篇。

(四) 创新应用型人才培养成效显著

通过追踪学生实习就业情况,大三学生的专业自信、职业素养、对IT 工程师工作的认可度均有所提升。参加过企业实训项目的大二学生获批科创项目及学科竞赛获奖的人数有大幅度提升。校内专业老师的实践授课能力也显著增强。2020 年,学院推荐的项目"基于深度学习与增强现实的鱼类识别展示系统"在第十三届全国大学生创新创业年会上获得"我最喜欢项目"荣誉。2022 年,学院推荐的项目"同态科技——数据隐私计算保护的领航者"在第八届中国国际"互联网 + "大学生创新创业大赛中获得银奖。2022 年,上海海洋大学信息学院本科生就业率全校排名第一。获得上述育人成效,很大程度上得益于学院持续推进的产教协同育人举措。

生态文明建设的生动实践："种草养藻"劳动教育

上海海洋大学海洋生态与环境学院／王　凯

一、背景

2020 年 3 月 20 日,中共中央、国务院印发的《关于全面加强新时代大中小学劳动教育意见》对新时代劳动教育进行了顶层设计和全面部署。劳动教育是中国特色社会主义教育制度的重要内容,直接决定了社会主义建设者和接班人的劳动精神面貌、劳动价值取向与劳动技能水平。《关于全面加强新时代大中小学劳动教育意见》要求大中小学根据各学段的特点设立劳动教育必修课程,系统加强劳动教育,同时强调"除劳动教育必修课程外,其他课程结合学科、专业特点,有机融入劳动教育内容",为构建新时代大中小学德智体美劳全面培养的教育体系提供了遵循。

生态学是上海海洋大学为培养服务于生态文明建设和美丽中国建设的生态类高层次专门人才而设立的本科专业,具有较强的实践性。"种草养藻"是一门为本科生开设的劳动教育课程,以劳动教育、生态实践、"参与—合作—实践"为教学理念,通过从生态学的角度解说日常生活中的现象,最终达成使学生理解生态现象的诱因和结果这一目标,并使学生认识到开发、保护生态的重要性,激发生态相关专业的学生对专业学习的兴趣,为今后的学习和研究等活动打下基础。在生态学专业建设的基础上,面向全体本科生开设"种草养藻"课程,是上海海洋大学本科生教育将德育、智育、体育、美育、劳育贯穿教育教学全过程的重要体现,有助于培养学生高度的社会责任感和良好的科学文化素养,提升学生的创新意识和实践能力。

二、课程设置

基于上海海洋大学实际,"种草养藻"课程设置了7个方面的内容:(1)生态入门,主要内容为生态基础知识、调查设备和野外调查常识,通过理论讲授,让学生掌握"种草养藻"所蕴含的生态学原理和生态过程,意识到生态就在身边,并且能够发现问题及提出解决方案,具备野外调查所必备的团队协作、吃苦耐劳的精神;(2)实验揭秘,通过参观学校科技园实验室,了解生态科研实验内容和操作方法,掌握海藻和水草的室内养殖过程、本部分内容旨在让学生尤其是文科类专业的学生了解并理解海洋生物生长过程、开展相关科研工作的目的和意义,以及人类在生态环境调控过程中所利用的技术方法,培养学生认真钻研、一丝不苟的科研精神;(3)生态校园,通过校园水系考察,了解水系维持原理和水生生物调查方法,掌握水系水草栽种过程和方法,让学生理解我们美丽校园的水系运转原理和过程,树立生态思维,将"绿水青山就是金山银山"的理念牢记在心中;(4)湿地探索,湿地被誉为"地球之肾",对维护我们人类生存的环境具有重要的作用,本部分内容依托上海海洋大学在海滨生态修复方面的优势,通过临港东滩湿地修复现场考察,让学生了解生态修复原理、技术和方法,培养学生开展生态修复所应具备的科研精神和吃苦精神,为学校在近海生态修复方面所做的贡献自豪,激发学生今后投入生态保护和修复行业的激情与信心;(5)生态农业,通过参观开太鱼枫泾净水渔业示范基地,让学生了解生态农业运营模式,体验生态农业丰收的乐趣,理解其中的生态原理;(6)海洋馈赠,通过参观芦潮港水产交易市场,让学生了解长江口及邻近海域的主要水产品种类,以及主要的捕捞工具和方法,掌握渔业资源保护的主要手段,培养人与自然和谐共处的思维;(7)生态讨论,理论要联系实际,本部分内要求学生通过参观校园实验室和生态农业示范区等,利用所学知识,解决日常生活中遇到的生态学问题,提高学生对生态过程的认识和实践能力。

三、教师队伍

教师是课程教学工作的根本保障,"种草养藻"课程的教学团队包括 4 名专业教师,均具有副高职称,主要从事生态系统、生态修复和生物多样性及保护等方面的教学和研究工作,具有丰富的理论知识和扎实的实践功底。围绕学科融合和创新人才培养,以注重实践、培养创新为理念,任课教师围绕课程教学目标,突出各自专业专长,初步建成了热爱教育、实践经验丰富、教学与科研能力并重的教学队伍。

四、成效

结合"种草养藻"课程的设计思路和上海海洋大学的实际情况,利用学校的校园水系和濒临海岸的便利条件,任课教师在教学过程中紧扣课堂讲授、野外实践、课程讨论、作业训练、考核等教学要素,充分考虑选修学生的专业背景,在讲授理论知识的基础上,以野外考察为主,灵活采用多种方法与手段开展教学,取得了良好的教学效果。

(一)学生认可度高

在上课过程中,选课同学积极参与各项实践,纷纷表示走出教室到现场的教学模式更直观和形象,知识点容易接受和理解。选课同学对美丽校园的水系运转等生态学原理和过程有了充分的认识,实践过程中还培养出了团队协作和吃苦耐劳的精神。来自 2020 级海渔 2 班的杨雨萌同学表示:"我们在课上自己动手捞取到了金鱼藻、苦草等水生植物,还有螺类、虾等水生生物,更好地了解了学校的水系生态系统。通过观察,更好地了解了水草形态,课堂的趣味性增加了我们对课堂的兴趣和专注度,收获颇丰。"

（二）初步建成劳育实践平台

利用上海海洋大学在海洋生物资源、海滨生态修复、水体修复和生态农业等方面的优势，按照培养目标和教学模块，"种草养藻"课程团队建立和完善了校园水系修复区与上海海洋大学水域生态修复上海高校工程研究中心、开太鱼枫泾净水渔业示范基地（上海海洋大学"三全育人"基地）、临港东滩湿地修复区、芦潮港水产品交易中心等 4 个不同功能类型的实习实训基地。依托上海海洋大学海洋科技大楼实验室，利用现有及购置的教学仪器设备，"种草养藻"课程团队建设完成实操平台 100 平方米，开发了校内鲸鱼湾等校内实景实践平台，可开展生态修复设计、水生生物行为控制、海藻/海草栽培、生态环境因子监测等实践，促进了学生的生态设计能力。"种草养藻"课程现已形成了以实习基地为依托，以学生实际操作为主要模式的劳育实践教学体系。

（三）拓展实施

2022 年 10 月，首届上海市大中小学教师劳动与生命教育研修培训班在上海海洋大学举办，"种草养藻"课程团队承担了 6 个专题中的"水草栽培及修复效果评价"专题研修课程。学员们表示，通过本专题的学习，了解了城乡美丽水系建设和维持的原理，培养了团队协作和吃苦耐劳的精神，为今后开展综合实践活动课程奠定了基础。

五、启示

新时代，开设劳动教育课程意义非凡，不仅能积极推动教书育人、管理育人、服务育人工作，而且为开展公益劳动等提供了良好的借鉴。在开展劳动教育的过程中，还需要紧密联系学校实际情况，充分利用各类优质教育资源，在教学方式和方法上创新，促进劳动教育工作的进一步完善。

食品质量与安全专业课程群"三位一体"思政育人模式的改革探索

上海海洋大学食品学院 / 篮蔚青

习近平总书记在全国高校思想政治工作会议上强调了高校课堂的育人功能,明确提出高校教师的职责是教书育人,其在课程教学过程中不但要教会学生专业知识,更应该教会其树立正确的"三观",学会做人,学会与人相处。在当前理工科专业课程的教学过程中,专业教育与思政教育的融合度还不够。因此,如何将立德树人贯彻到高校专业课程教学的全过程,推动课程教学与思政建设同步发展,是高校面临的重要任务。

一、研究背景

目前,我国高等教育对人才的培养工作与当下的社会人才需求还存在一定差距,人才质量还不能完全满足社会的现实需求。部分大学生无明确的世界观、人生观与价值观,未来规划意识与发展目标不清晰,缺少主动性与积极性,缺乏社会责任感,难以担负为国家振兴与社会发展努力学习的任务。此外,部分教师在课堂上仅注重教学内容的介绍,对学生"三观"的正确引导力度不够,这也与高校培养高质量人才的目标背道而驰。因此,极有必要在专业课程中融入思政元素,加强对学生的正确引导,实现"三全育人"的最终目标。

为贯彻落实全国高校思想政治工作会议精神、《中共中央国务院关于加强和改进新形势下高校思想政治工作的意见》和《中共上海市委上海市人民政府关于进一步加强和改进新形势下高校思想政治工作的实施意见》,充分发挥课堂教学主渠道作用,将思政工作融入人才培养全过程,上海海洋大学在2017年成立了校院课程思政工作室,逐渐将思政内容融入专业课程中。

近年来,随着线上线下混合式教学等新型教学模式的推广应用,以及高素质本科人才培养理念的不断普及,传统的单一课程建设已无法满足当前高校人才的培养需求,有必要以专业必修课为核心,寻找与其有紧密逻辑联系的课程予以优化组合,形成课程群。课程群中的不同课程只有在教学内容上紧密联系、相互渗透,体现出综合性和整体性,才能较好地提升教学质量。

食品质量与安全专业课程群包括"仪器分析""食品安全学""基因工程"等3门必修课,以及"食品添加剂""食品营养与卫生""食品感官评定""食品资源循环与利用"等4门选修课,具有教学内容关联度高、专业知识点覆盖面广等特点。因此,有必要建立专业课程群,将专业课程的教学内容与思政元素结合,把教书育人的内涵落实在教学中,体现其育人价值。

在此基础上,课程思政目标瞄准学生成长需求和国家社会需求,探索专业知识点本身具有的价值倾向与思政元素,寻求专业课程教学中价值塑造、能力培养、知识传授的实现路径。因此,有必要紧紧围绕思政教育融入专业课程来开展各项工作。在当前教育形势下,本文拟以课程思政工作室为载体,以食品质量与安全专业课程群建设为依托,探讨融知识传授、能力培养、价值塑造为一体的"三位一体"思政育人理念。

二、主要做法

(一)设立院思政工作室,强化日常管理与课程建设

在院课程思政工作室设立后,学院高度重视其运行,由院领导负责

工作室的日常运行指导,专业负责人与一线教师负责课程思政教学的运行。工作室提出以立德树人为根本,加强教学管理,提升教学质量。其间,大家各司其职,共同推进课程思政与专业教学相融合。工作室的建设思路是通过工作室创建,推动课程群建设,创新培养方式,强化教学中心地位,强调协同创新,加强服务育人,多路径改革教学方法,提高教师教学能力与综合水平,提升人才培养质量。同时,通过开展教学沙龙活动,为广大教师搭建相互交流和学习的平台,使教师的思政教学能力和综合教学水平能够明显提升。工作室的工作任务为对照思政目标,围绕德育顶层内容体系,结合专业特点和职业要求,挖掘课程育人功能,在所授课程或课程群中试点编写课程思政教育要点,撰写课程思政教育案例,加强课程德育教学实践探索,改革教育教学方式,落实课堂德育功能。

为做好学院课程思政的过程管理工作,工作室成员对学院课程思政重点课程落实现场听课制度,对听课材料予以存档。同时,工作室成员还利用钉钉、QQ 与微信群等实时交流软件,借助蓝墨云班课、超星学习通、智慧树等线上平台,与学生互动交流,及时答疑解惑,分享心得体会。

(二) 创立思政专题沙龙,提升思政育人综合水平

教师是课程的实施者,是教学实践的主体。课程思政教学目标的顺利实现,有赖于根据课程群特点开展教学团队建设,提升课程思政意识。因此,课程群教师应定期组织开展思政专题沙龙活动,针对课程思政教学改革主题,共同探讨如何运用案例教学、对分课堂与智慧课堂等方法,促进课程思政教学模式转变,适应人才培养新要求。同时,课程群教师应对教学模式及课堂形式、课堂中教师作用的改变、教学评价改革等内容进行探索。课程群教师在沙龙中通过不断交流与尝试,积极探索教学方法,努力培养应用能力强的专业人才,实现综合能力的明显提升。思政专题沙龙也面向全院教师开放,以此引导更多教师参与其中,研讨课程思政与专业教学的结合点。

(三) 思政教学有机融合,探索"三位一体"育人机制

为提升课程思政的工作成效,课程群教师先后围绕教学方法、思政融合与智慧课堂等开展研讨,提出以课程思政工作室为载体,以食品质量与安全专业课程群建设为抓手,探索知识传授、能力培养、价值塑造为一体的"三位一体"思政育人理念。

在课程思政与课堂教学的融合过程中,课程群教师结合习近平总书记的重要讲话精神,凝练课程思政要点,修订专业课教学大纲,开展食品质量与安全专业课程群"三位一体"思政育人模式探索。一方面,结合课程群的专业知识特点,合理规划课程间的知识点衔接,完成从基础课到专业课的逐级深入;另一方面,做好实践引导,将专业知识与优秀传统文化、国情相结合,加深学生对食品行业前景的理解与认识,帮助学生树立食品安全的责任担当,强化学生献身国家食品产业发展的专业志向。

教师在发挥第一课堂教学主渠道作用的同时,学院通过组织"食品科技节""企业家进校园"等活动,构建课程思政立体化育人体系,将思政融入教学改革的各个环节,为学生理论联系实践及做好职业规划提供帮助。通过将思政元素融入专业课教学,学生在加深对专业课程知识点理解的同时,综合素质也得到明显提升。课程群教师在注重专业知识与思政素养教学的同时,还关注学生创新能力的培养。借助食品科学与工程国家级实验教学示范中心这一实践平台,课程群教师在课外指导大学生科创活动,用专业知识指导生产实践。同时,课程群教师还时刻关注课程思政服务社会,积极组织开展"食品安全进社区""科学商店"等科普活动,使课程思政服务社会的示范辐射功能得到充分体现。

三、结果成效

为进一步了解学院师生对课程实施效果的意见,工作室在后期围绕学院课程思政开展情况进行了问卷调查。其间,共收到有效问卷474 份。问卷结果的统计分析显示,85.7%的学生认同教师在课堂上

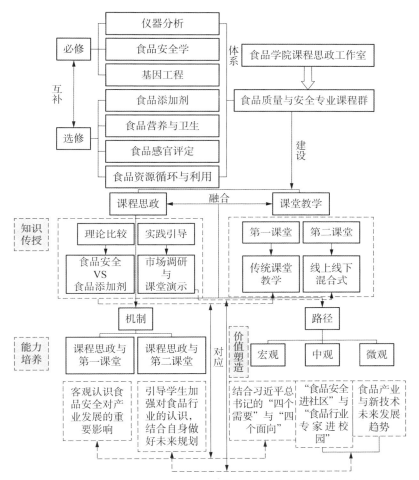

图1　食安专业课程群"三位一体"思政育人模式工作思路

能做到言传身教,是学生学习的模范;84.8%的学生觉得教师将课程思政融入教学中,对学生的道德教育有正向效果;89.9%的学生认为,将思政内容融入大学课程很有必要;92.2%的学生对思政内容融入课程教学表示欢迎;95.8%的学生认为,教师在课程中讲授思政内容能给予其积极的思想指导,使其学会正确待人处事;72.4%的学生喜欢教师在专业课中适当讲授思政内容。此外,91.4%的学生认为,学院重视课程思政,思政工作成效显著。90.1%的学生认为,有必要在课程教学中融入思政内容;96.8%的学生对教师开展教学改革持接受态度。可见,食品质量与安全专业课程群的"三位一体"思政育人模式探索,最终达到了预期效果。

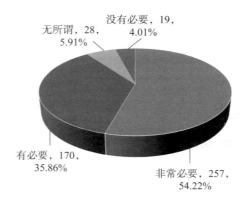

学生对思政融入课程必要性的评价

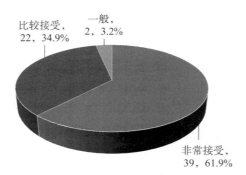

学生对教师教学改革的接受度分析结果

新时期高校育人工作的新要求需要教师加强课程思政工作,其关系到新时代中国特色社会主义的建设与"两个一百年"目标的实现。因此,在主管部门做好课程思政顶层设计的同时,作为院级课程思政工作室,只有通过专业课程群建设,积极引导教师不断提升思政教学能力,充分挖掘课程中的思政因子,潜移默化地进行思想政治渗透,才能培养出德智体美全面发展的社会主义接班人。

科研育人

在世界的大洋大海和祖国的江河湖泊上书写论文 上海海洋大学科研开出育人花

一、工作背景

为全面贯彻落实习近平新时代中国特色社会主义思想和党的十九大精神，进一步推动全国高校思想政治工作会议精神落地生根，紧紧围绕立德树人根本任务，充分发挥一流学科协同育人优势，加强学生科研诚信、科学家精神培养，促进科研成果反哺教学，提升科研育人水平，上海海洋大学高度重视科研育人工作。上海海洋大学通过优化科研管理来提升科研绩效，完善科研体制机制，营造优良治学氛围，提升教师志诚报国的理想追求、敢为人先的科学精神、开拓创新的进取意识和求真求实的科研作风，打造一批高水平科研育人队伍；打通"重科研轻教学"盲点，建立教研一体、学研相济的科教协同育人机制，实现回归大学根本职能的目标，培养具有高尚的道德品质、独立的研究能力、卓越的开拓能力、严谨务实的治学精神、勇于突破的创新精神、攻坚克难的探索精神的高素质人才。

上海海洋大学以"培养至诚报国的理想追求、敢为人先的科学精神、开拓创新的进取意识和严谨求实的科研作风"为工作指导,准确把握高校科研育人的时代内涵,科研与育人水乳交融,聚力锻造具有浓厚家国情怀的海洋人才。

二、具体举措

(一)强基固本,完善机制

上海海洋大学全面贯彻党的教育方针,坚持以立德树人为根本任务,以人才培养为中心,以深化改革为动力,通过优化科研环节和氛围,完善科研评价标准,改进学术评价方法,努力提高科研团队建设水平。根据《中共上海海洋大学委员会关于进一步推进"三全育人"综合改革实施方案》(沪海洋委宣〔2020〕4 号)的要求,结合实际,上海海洋大学制定并出台了《上海海洋大学科研育人示范团队评选方案》。上海海洋大学全面落实研究生导师立德树人职责,努力造就一支有理想信念、道德情操、扎实学识、仁爱之心的研究生导师队伍;定期开展导师培训,主要是加强对导师尤其是新导师的培训,以增强导师"第一责任人""首要责任人"的意识,提高导师开展研究生思想政治教育工作的能力和水平;制定并出台了《上海海洋大学优秀研究生导师评选办法》,改进研究生培养环节,把思想价值引领纳入研究生培养各个环节,贯穿研究生教育全过程。

(二)倾心科研,潜心育人

上海海洋大学将前沿科研成果科普化,将科研与教学相融合,建立科教联动机制,使人类社会最前沿的科技知识和学科科技创新成果融入教材、走进课堂,通过多渠道、多环节向学生传授。上海海洋大学通过开办"海川文化节"及开设"海川讲坛",邀请各个领域的知名专家和教授阐述学术研究之道,拓宽科研思路。上海海洋大学致力于促进学生知识学习与科学研究、能力培养的有机结合,全面推动基础研究、应用研究和开发研究成果反哺教学,提升人才培养水平,并在实际工作中创造性地将高校科研成果实践于中小学科创教育。在上海市教委教研室的支持下,上海海洋大学与其他六所在沪高校共同发起成立了上海中小学科创课程平台沪上高校联盟,依托水产与生命学院陈再忠教授团队研究开发了高中科创课程"鱼类体色的奥秘",并在进才中学、北蔡中学完成了一个周期的教学。

(三)弘扬道德,营造氛围

上海海洋大学通过思想引导和精神传承,提升师生学术道德和学术诚信水平。上海海洋大学组织校内师生参与 2021 年长三角科学道德和学风建设论坛,有目的、有意识地培养大学生实事求是、坚持真理的科学态度和严谨踏实的治学精神,同时用科教榜样实例激发学生的创新精神、探索精神。上海海洋大学充分发挥学术委员会学术道德专门委员会及学院学术分委员会作用,研究制定并出台了《上海海洋大学预防与处理学术不端行为办法》,加强学术诚信体系、校风、学风建设及对学术违规行为的处罚。此外,上海海洋大学大力宣传学术名家、优秀学术团队的育人成果,宣传科研育人示范团队先进事迹,在校园网上开展了科研育人示范团队系列报道。

(四)行稳致远,打造平台

上海海洋大学创新平台建设,开放实验室,整合校内外科技资源,吸引和鼓励学生加入到科研活动中,引导学生在科研工作环境中开展参与式、互动式和研究式的学习,积累实践经验,培养创新意识和能力。上海海洋大学整合学校学科优势和特色资源,为国家培养兼具专业知识与人文底蕴、开阔国际视野与浓厚中国情怀的国际化人才,在国际舞台履行国际义务,维护国家利益,提出中国方案,在实践中培养国际组织人才。

三、主要成效和经验启示

(一)主要成效

上海海洋大学培育和遴选了淡水动物遗传育种本硕博一体化科研

育人团队等 2020 年度首批上海海洋大学高水平科研育人示范团队,引导教师围绕育人开展科研,鼓励科研成果反哺教学,发挥教师队伍科研育人主体作用。

上海海洋大学借助"淞航号"远洋渔业资源调查船平台,积极开展研究生培养工作,并专门设计航次,搭载 24 名海洋渔业科学与技术专业本科生和 1 名研究生,开始了为期 12 天的"亚洲校园"访问韩国暨渔业生产和航海实习项目,在浩瀚的东海之上开展了"不忘初心、牢记使命"主题教育,用实际行动践行了"渔权所至,海权所在"的创校使命。

上海海洋大学于 2018 年和 2019 年连续两年获批上海市教委"上海市高校学生赴国际组织实习项目"。2018 年,获批人数在上海市排名第 6,占比 6%;2019 年,获批人数在上海市排名第 4,占比达到 12%。2020 年 8 月,上海海洋大学获批入选首批教育部中外人文交流中心"国际组织人才培养创新实践项目",逐渐成为国内国际渔业组织人才培养的桥头堡。

(二)经验启示

首先,创新观念,打破思想禁锢。科学研究的本质在于创新,科研育人在本质上就是一种创新的教育理念,只有进一步更新观念、深化认识,才能真正迈开科研育人的步伐。其次,强化管理,营造良好氛围。科研育人是一项系统工程,只有建立完善的管理机制,大力营造科学研究的良好氛围,才能取得较好的育人效果。最后,积极创新方式方法。科研育人需要积极探索行之有效的方式方法,把科研引入教学各环节,加大对学生的指导和支持力度,争取人人能参与科研,人人都有成果,把科学研究与生产实践结合起来,培养学生的实践能力,激发学生的主观能动性。

深化实践育人，强化思想引领，培养担当大任的时代新人

一、基本情况

社会实践是大学生了解社会、认识国情、增长才干的重要方式，上海海洋大学不断强化校院两级互动，师生共同参与，学习实践结合，推动海大青年了解国情、见识社会。通过丰富实践内容和载体、理论和实践相结合，强化海大青年担当作为，促使他们接触各行各业生活百态，培养家国情怀，增长社会化能力，从而不断突出实践育人成效，构建全过程、全方位的实践育人协同体系。

二、主要做法

（一）丰富实践内容和载体，形成海大品牌特色

上海海洋大学每年精心组织开展社会实践活动，引导海大青年积极走出校园，奔赴祖国各地，用脚步丈量祖国大地。上海海洋大学师生在暑期结合生态文明建设、海洋强国、乡村振兴等国家战略，聚焦长江大保护、生态环境治理、技术支农等领域开展调研，坚定理想信念、投身强国伟业，把论文写在世界的大洋大海和祖国的江河湖泊上。百余支校级项目团队，以及"三下乡""知行杯""返家乡""四个一""上海市暑期

常态化新型冠状病毒防控管理志愿服务活动"等多类别特色实践活动，实现了社会实践全覆盖。上海海洋大学有校级重点项目百余项，近万名海大青年奔赴祖国各地，实践地点覆盖江苏、浙江、安徽等全国 25 个省市自治区。海大学子参观红色场馆、参与理论宣讲、感悟党史魅力，实践团队走进田间地头、农业技术生产一线，在实践中感悟支农、为农情怀。实践团队还聚焦海洋产业发展、长江大保护等领域，将学科知识应用在实践中。

2022 年，以迎接和学习贯彻党的二十大为主线，上海海洋大学校团委精心组织，开展"喜迎二十大、永远跟党走、奋进新征程"社会实践活动。为深入学习贯彻习近平总书记在建团百年庆祝大会上的重要讲话精神，上海海洋大学发起暑期实践专项行动，重走习近平总书记地方工作和考察视察之路，凝聚奋进担当力量。同时，结合校庆 110 周年，上海海洋大学开展"迎校庆、访校友"专项社会实践活动，凝聚校友力量，共同为母校庆祝。

此外，上海海洋大学还推进校外合作，拓展实践平台。上海海洋大学坚持"开门办思政"理念，开展理想信念和价值引领卓越人才培养计划，构建校内外合力育人格局，落实全方位育人理念，充分挖掘育人元素。上海海洋大学积极与上海市各委办局、上海市各区县团委等单位对接，积极推荐优秀学生赴企事业单位等进行暑期实践、实习，号召海大青年走向社会、奔赴基层，在实践中增长才干、锻炼本领。上海海洋大学师生奔赴各地，在实践中汲取精神力量和经验智慧，不断强化责任担当，在"学"与"思"中感悟"四史"光辉历程，在"苦"与"干"中明确历史使命，在"悟"与"行"中坚定理想信念。

（二）组建"百人百讲团"，推进理论和实践相结合

依托上海海洋大学习近平新时代中国特色社会主义思想学习实践团，上海海洋大学组建了"百人百讲团"主题微课程宣讲团。宣讲团结合宣传和习近平新时代中国特色社会主义思想，结合伟大建党精神、习近平总书记"七一"重要讲话精神、习近平总书记在庆祝中国共产主义青年团成立 100 周年大会上的讲话精神、党的二十大等不同主题，开展

学习和宣讲实践活动。

每年，宣讲团走进团支部，与团支部共同开展主题团日活动，以"学生讲给学生听"的宣讲方式，通过用漫画讲党史故事、原创歌曲、书画作品赏析等多元手段，与同学们展开互动讨论。宣讲团每年宣讲近 400 场次，受众近万人。宣讲团每年精选党课、团课视频 20 余个，以"我身边的党史故事"为专题，开展党史宣讲并在校园公众号展示，受到数万名师生的追捧。宣讲团还积极开展精品党课宣讲进社区、进中小学活动，宣讲团成员分别走进社区、中小学，开展宣讲，服务居民、中小学生近 500 人。

此外，在第十届中国花卉博览会上，上海海洋大学有 113 名志愿者积极投身服务工作。海大"小白鹭"化身党课讲解员，在驻地明礼厅举办了"第十届中国花博会志愿者党史学习活动"，讲述党史故事。在"追寻红色记忆·青汇花博盛会"党史主题教育活动中，海大"小白鹭"结合北京园中的京门牌楼、红墙等建筑元素，与崇明区青联委员和青企会员开展"行走的党课"。深入基层宣讲就是帮助海大学子锤炼为群众办实事的本领，在实践中发挥所长，知行合一，坚定跟党走的理想信念。海大学子用青年的视角，讲好党史故事、讲好海洋故事，受到人民群众的一致好评。

（三）"志愿红"守护"健康绿"，在志愿服务中担当作为

上海海洋大学积极构建扁平化、体系化工作格局，发挥组织优势，找准切入点、结合点、着力点，强化政治引领和担当作为，让青年在贡献与感悟中成长。在特殊时期，1400 余名学生参与海大志愿者工作，主动举手、迅速集结。海大志愿者听从指挥、勇担使命，完成了搬运物资、维护秩序等任务。此外，海大学子还积极参与社区志愿服务。上海海洋大学组织近 20 名志愿者，为南汇新城镇芦潮港社区海芦镜湖苑小区 1598 名居民完成登记工作。200 名团学骨干充分发扬"党有号召、团有行动"的优良传统，身披白甲、逆行而上，第一时间响应组织号召，积极投身社区工作。志愿者们用"踏平"而不是"躺平"为青春注脚，用"内燃"而不是"漠然"为社会助力，他们主动作为，用青春汗水书写担当，用

行动诠释新时代团干部的担当与奉献。

此外,上海海洋大学积极开展校园直播、打卡、线上承诺等活动,建立新媒体矩阵,传播正能量。上海海洋大学开展"守护春天·守护海大·守'沪'有我"线上校园直播活动,以守护校园、守护春天、守护健康、守护心灵、守护美食、守护有序生活、守护青春与朝气为重点,给学生以美好的憧憬和启迪。直播活动累计观看人数近5000人,在线点赞超过50000个,在线评论近2000条。21天学习打卡、"四天王"寝室歌赛、"书影留香"影评分享、"大美校园"作品征集等活动,发挥了校园文化的育人功能,使寝室生活精彩纷呈,引导学生以更健康的身心、更青春的姿态迎接春暖花开。

三、工作成效

积极依托学科优势,紧紧围绕海洋强国、乡村振兴、生态文明建设等国家战略,上海海洋大学在顶层设计上,逐步打通"三全育人"在育人资源、育人组织、育人实效上的联系,资源拓展、实践探索、成果转化等方面统筹推进,取得了实效。在育人成效上,上海海洋大学每年通过各种特色化社会实践项目,帮助近万名海大青年投身实践,海大师生走向社会、走向田野,使学术与实践相结合,在参与农业发展中发现问题,在服务乡村建设中思考问题,在助力乡村振兴中解决问题,在社会实践中锤炼品德修为,努力成为担当民族复兴大任的时代新人。

厚植家国情怀，点亮青春底色
——农科院校研究生实践育人机制探究

上海海洋大学经济管理学院／冯雨晴　商利新　王　翔　于　林

　　上海海洋大学经济管理学院下设农林经济管理、农业管理、渔业经济与管理等特色学科，以"三全育人"为总体目标，以立德树人为根本任务，始终坚持思政教育与实践育人相结合，在躬身亲行中涵养研究生的专业报国情怀；持社会实践与学科特长、国情民生、劳动教育相结合。上海海洋大学经济管理学院积极引导研究生用脚步丈量祖国大地，在社会实践中培养学生知农爱农的家国情怀和爱国爱党的理想信念，点亮青年学子的青春底色。

一、背景与理念

　　研究生教育作为高等教育的最高层次，始终担负着为国家发展、民族复兴提供人才支撑的历史重任。在研究生培养教育过程中，积极推进全员、全方位、全过程育人是保证研究生培养质量的应有之义。"双一流"背景下的农科院校有责任培养一批具有知农爱农家国情怀的青年研究生，而积极投身社会实践是培养青年研究生的有效途径。

　　另外，习近平总书记在二十大报告中明确提出了建设农业强国的目标，并且指出要把乡村振兴作为加快构建新发展格局的重要内容。上海海洋大学经济管理学院深入学习相关政策文件，将思政元素与时代发展紧密结合,将思政教育与助力乡村振兴深度融合,致力于培育与时俱进、心怀家国的青年学子。上海海洋大学经济管理学院积极引导青年切实抓住历史机遇,运用所知、所学、所想,为农业产业安全和发展提供坚实保障,为乡村全面振兴、农业农村现代化提供坚实支撑,在农业发展中点亮青春底色。

二、举措与特色

上海海洋大学经济管理学院将思政教育融入社会实践活动,正是为了响应习近平总书记的系列讲话精神和国家号召,以目标精准化、实践互动化、知行并进化和形式多样化为总体思路,将实践育人落实到家国复兴发展新征程中。

(一)目标精准化:结合专业特长,深入乡村田野

上海海洋大学经济管理学院使社会实践与专业所学同频共振,紧密结合专业优势,以理论普及、党史学习、乡村振兴和发展成就为重点。学院教师带领实践团队走进乡村、扎根土地,紧扣红色经典、农用机械化等关键词,通过"扮农户、问农户、帮农户"开展参观考察、调查研究、政策宣讲、学习体验等形式的社会实践活动,切实了解农村农业的发展现状,在致敬长征精神中感悟责任与担当,肩负起时代重任,为实现第二个百年奋斗目标而努力,用行动展现海大学子深厚的农学专业功底。

(二)实践互动化:催生农业兴趣,实践增长才干

上海海洋大学经济管理学院致力于探索农业院校人才培养与乡村振兴战略的高度融合,并且努力培养农业院校青年学子的爱农情怀,使其内化于心、外践于行。2022年度,学院组建了几支暑期社会实践队伍,深入偏远山村,走进田间地头,带领青年学子用脚步丈量祖国大地。实践队伍通过探寻当地红色文化资源、学习老党员先进事迹,从农村的实践和人民群众中汲取知识养分;了解农用机械的实际需求,在现有播种机的基础上进行设计改良,为农业播种提供了更加智能高效的方式。在实地走访中,青年一代强化了农业兴趣,增长了才干。

（三）知行并进化：践行时代使命，凝聚青春力量

上海海洋大学经济管理学院将知行合一贯穿实践育人全过程。学院在社会实践中注重思想引领，在百年党史的丰富内涵和实践要求的基础上，不断强化学生迎难而上、勇担重任的信念，潜移默化中触动学生的知农爱农情怀，帮助学生在农业农村发展中充分发挥自己的专业特长，助力改善乡村生活环境，推动农村科技现代化，凝聚青年学子促进共同富裕、振兴乡村的青春力量。

（四）形式多样化：创新实践形式，丰富人文内涵

上海海洋大学经济管理学院用创新来全方位体现实践育人意义。学院鼓励学生参与多样化创新性实践，在活动设计上，将实践行程设计为两万五千里，以另一种形式致敬长征精神；在活动过程中，引导学生利用现代新媒体技术来制作宣讲视频，充分利用微信视频号、B站等丰富多样的媒体平台为实践地进行宣传，从而在将实践成果可视化的同时，不断提升青年学子的交流能力、协调管理能力和创新能力。

三、成效与思考

上海海洋大学经济管理学院的实践育人工作成效显著。2022年暑期，学院有多支社会实践队伍外出调研，硕果累累。其中，"踏征程忆党情，助力乡村振兴"与"微科助农"两个研究生社会实践团队以共青团成立100周年及上海海洋大学建校110周年为契机，紧密结合专业优势，以强化现代农业基础支撑、推广普通话、助力乡村振兴及促进共同富裕为目标，以党史学习教育和农业机械化为切入点，以理论普及、政策宣讲、问卷调查和促进乡村产业振兴为手段，走进乡村、扎根土地，在江苏、山东、云南、浙江、河南、山西等地的部分农村地区开展了精准调研，成效显著，以实际行动献礼党的二十大。

上述两个实践团队遍访了20多个村庄，挖掘党史资源、采访学习老党员事迹、进行党史宣讲。在学习党史的同时，实践团队了解了国家"三农"工作发展历程，深入调研了当地乡村振兴战略实施情况与普通话推广情况，与15个党团支部进行对接，设计了2个宣讲视频，运用专业知识为农民发展生产、扩大销售提供信息服务；成功搭建党团支部共建平台，帮助当地党员与团员提升能力素质，共享党史党建宣讲材料；为农产品设计礼盒包装，挂牌落成上海海洋大学经济管理学院大学生社会实践基地，促进农业生产与农村社会发展不断迈上新台阶；将党史学习教育与推广普通话结合，发放问卷 400 份，着力破解推普难题；在沪滇两地联合召开"助力乡村振兴，谱写青春芳华"主题党团日活动，撰写的新闻稿被云南省牟定县的官方媒体转发。实践团队将调研走访得到的数据资料整理成 2 份详实的调研报告，共计 12 万字，其中一些建设性意见已被当地政府采纳，收到感谢信 2 封，为全面推进乡村振兴贡献了海大学子的青春力量。此外，上述实践项目获得了 2022 年"知行杯"上海市大学生社会实践大赛三等奖、上海海洋大学社会实践一等奖、上海海洋大学社会实践三等奖等荣誉。实践团队撰写的相关新闻稿被澎湃新闻、学习强国、牟定青年之声等官方平台报道，影响深远。

通过社会实践，上海海洋大学经济管理学院培养了学生知农爱农的家国情怀和爱国爱党的价值观念，学生纷纷表示要用实际行动助力乡村振兴，为农村地区献言献策。

产教融合谱写实践育人新篇章

——上海海洋大学经济管理学院联合恒泰期货股份有限公司推进期货人才培育

上海海洋大学经济管理学院／崔　明

一、背景

2017 年，中共中央、国务院印发了《关于加强和改进新形势下高校思想政治工作的意见》，提出要坚持全员、全过程、全方位育人，尤其要强化实践育人，积极促进大学生素质提升和全面发展。

2018 年 10 月，教育部《关于加快建设高水平本科教育全面提高人才培养能力的意见》提出，要构建全方位、全过程、深融合的协同育人机制。

2019 年 3 月 15 日，中国证监会、教育部联合印发了《关于加强证券期货知识普及教育的合作备忘录》，提出要发挥证券期货投资者教育基地作用，将证券期货投资者教育纳入国民教育体系。

在此背景下，通过产教融合，上海海洋大学经济管理学院积极与金融机构联合开展"三全育人"，与金融机构建立更加紧密的人才培养机制，在实践育人领域取得了可喜的成果。

二、期货人才培养项目

　　上海海洋大学经济管理学院与恒泰期货股份有限公司联合开展
"三全育人"始于 2018 年 7 月,到 2022 年已经开展了五期,充分发挥了
高校和期货公司在理论与实践上的优势。通过全方位、全过程、深融合
的校企协同育人,学生进一步了解认识了期货市场,从而提高了行业人
才的能力素质,为经济社会建设培育了具有市场风险意识和一定的现
代金融、市场经营管理能力与水平的人才,扩大了期货及其他相关行业
后备人才的供给,为政府部门、金融机构培养和输送了金融管理(即期
货衍生品)领域的复合型高端人才。

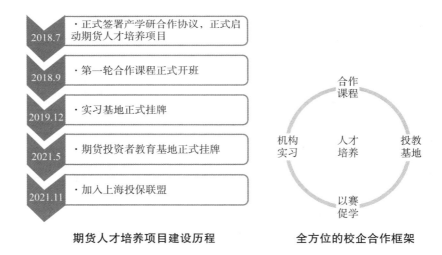

期货人才培养项目建设历程　　　　全方位的校企合作框架

　　(1)上海海洋大学经济管理学院与恒泰期货股份有限公司合作开
设金融专业选修课程"期货及衍生品分析与应用",课程 70%—80%的
内容由恒泰期货研究团队的专家讲授,将首席经济学家、首席风险官、
基金经理、高级分析师等行业精英请进课堂。在短学期,以"期货模拟
交易和衍生品前沿"为主题,恒泰期货研究团队的专家举办讲座嵌入实
践环节,开展实践操作培训及期货从业资格培训,恒泰期货股份有限公
司为参与期货从业考试的学生提供教材和报名费。

（2）恒泰期货研究团队的专家指导学生参与中国金融期货交易所的"中金所杯"金融衍生品知识大赛及郑州商品交易所的"郑商所杯"期货模拟交易大赛，开展赛前与赛中的专业知识和网络操作指导，将第一课堂和第二课堂有机结合。

（3）恒泰期货股份有限公司为课程设立恒泰期货高校期货人才奖学金，每学期结束时对优秀学生予以奖励，以激励学生学习。同时，恒泰期货股份有限公司为课程和大赛中成绩优异的学生提供实习机会与工作岗位。

（4）在上海证监局的指导下，上海海洋大学经济管理学院与恒泰期货股份有限公司共同建设期货投资者教育基地，为在校学生提供实践和金融教育普及平台，并且发挥高校优势、承担社会责任，为社会公众提供便捷、丰富、有效的金融公益教育服务。上海海洋大学期货投资者教育基地于 2021 年 5 月 18 日正式挂牌。2021 年 11 月 11 日，上海海洋大学期货投资者教育基地加入上海证监局旗下的上海投保联盟，在更高平台上与其他投资者教育基地一起协同开展投教探索与创新，切实增强投教活动的影响力和有效性。

三、育人成效

（一）育人过程管理

为保证育人质量，恒泰期货股份有限公司指派公司管理人员、上海海洋大学经济管理学院安排专任教师对课程和实践进行全程跟踪、摄像。每节课后，教师给学生发放企业导师教评问卷，了解学生对整门课程的建议和意见，并进一步总结、修正、调整。从评价结果来看，合作课程取得了良好的教学效果，并已经形成较好的口碑。

（二）实践效果

全方位、全过程、深融合的校企合作将优质的金融机构教育资源转化为教学内容，以行业标准为指导来提升学生的实践能力，取得了良好的效果，受到了学生的一致好评。期货人才培养项目于 2019 年获评为上海海洋大学校级优秀实践项目。2020年,恒泰期货股份有限公司获得校级优秀实习基地称号。合作课程于2021年获评为上海海洋大学一流本科社会实践课程,于2022年获得上海市重点课程建设支持。学生在实践领域也收获颇丰,每轮课程结束后都有近40%的选课同学获得期货从业资格(该证书是进入期货行业的敲门砖)。2020年,在第三届"郑商所杯"全国大学生金融模拟交易大赛中,选课同学获三等奖1人,获优胜奖2人。在这次大赛中,有超过3万名全国高校本科研究生参赛,合作课程班级的获奖率超过了全国96.65%的高校。2021年,合作课程班级在第四届"郑商所杯"中再获佳绩,选课同学获二等奖1人,获三等奖1人。同时,上海海洋大学还获得优秀合作高校奖。

校级优秀实践项目和优秀实习基地获奖证书

"郑商所杯"优秀合作高校获奖证书

（三）社会评价

期货人才培养项目受到了金融行业监管部门的肯定和好评。上海证监局、上海期货同业公会、大连商品交易所的相关领导都曾莅临上海海洋大学参观指导，肯定学校与恒泰期货股份有限公司的产教融合，尤其是合作课程，对人才培养的积极影响。2021年，上海金融业助力人民城市建设成果评选中，实践课程"期货及衍生品分析与应用"荣获上海人民金融优秀应用场景奖最佳人气奖。

四、模式推广——从支部共建到产教融合

与恒泰期货股份有限公司的协同育人模式取得一定成果之后，上海海洋大学经济管理学院又将此模式进行推广。

上海海洋大学经济管理学院的国贸金融会计党支部与申万宏源证券股份有限公司新昌路、雁荡路和水芸路营业部联合党支部自2015年开始开展支部共建，成为支部党建工作的传统和特色。以支部共建为依托，上海海洋大学经济管理学院与申万宏源证券股份有限公司建立了常态化的沟通合作机制，定期互访并开展了形式多样的合作活动。2020年，申万宏源证券股份有限公司拟建立国家级投资者教育基地，寻找合作高校，通过共建支部找到了上海海洋大学。2020年年中，以支部共建为基础，上海海洋大学和申万宏源证券股份有限公司实现了高层次产教融合，双方合作共建投资者教育基地。2020年下半年，上海海洋大学经济管理学院组织了四批大三学生去申万宏源证券投教基地参观并听取"投资者教育"主题讲座。学生们在活动中既了解了中国证券市场的发展历史，又认识到金融素养对当代大学生的重要性。2021年初，上海海洋大学经济管理学院和申万宏源证券股份有限公司的合作持续深入推进，从"走出去"到"引进来"，将申万宏源证券股份有限公司的专家请进课堂，依托选修课"金融市场学"来开设合作课堂，全方位推进校企合作发展，深化产教融合。同时，上海海洋大学经济管理学院携手申万宏源证券股份有限公司开展"股东来了"投资者权益知识竞赛活动，后续的实习生计划也在有序推进。

五、体会与经验

（一）基于双方需求的共同点，合作长期稳定

上海海洋大学经济管理学院有不断提高人才培养质量的需求，学院教师理论研究多、实践经验少，而且学院也需要建设产学研基地。恒泰期货股份有限公司与申万宏源证券股份有限公司实践经验丰富，有开展投资者教育的需求。学校与企业依托各自的专业优势，谋求资源共享、优势互补、协同发展，双方具有实质性的合作内容，建立了稳定的合作机制。

（二）双方领导重视，提供合作支撑

从 2018 年开始，上海海洋大学经济管理学院院长、副院长、党委书记和副书记都亲自参加活动、亲自过问进展、亲自监督质量。恒泰期货股份有限公司的董事长、总经理、首席经济学家，以及申万宏源证券股份有限公司的财富事业部总经理、投教部经理等，亲自参与策划、亲自提供资源、亲自参加活动。同时，学校与企业的领导形成座谈机制，共同推动育人项目。

（三）双方人员良性互动，合作友好深入

学校与企业做了大量的铺垫工作，共同设计了课程体系，一起编制课程大纲、探讨创新实践项目、安排实习岗位、策划就业招聘等。学校与企业将进一步深化科研合作，在社会调查、课题申报等方面都具有合作前景。

（四）注重育人效果，学生积极参与

学校与企业坚持理论与实际相结合、知识学习与实务操作相结合、学生实习与就业选择相结合，兼顾基础性与扩展性，针对当前企业所需的紧缺人才及学生未来发展需求等内容进行授课，并且通过金融行业理论知识培训、实践操作仿真模拟、提供实习机会等方式开展前置人才培育，使大学生更好地了解认识金融市场，提高大学生的综合素质。

海大师生扎根塞上江南，携手共进助力乡村振兴

上海海洋大学海洋生态与环境学院 / 管卫兵

一、案例简介

（一）基本情况介绍

天下黄河富宁夏，宁夏自古以来就有塞上江南的美誉。但是，由于宁夏深居内陆、降水稀少，水产养殖产业与全国其他发达省份相比，仍存在资源利用率不高、综合生产能力不强、科技创新能力较弱等问题，极大地限制了宁夏水产养殖产业的高质量发展。上海海洋大学管卫兵老师自 2011 年开始进行有机生态农业（渔业）研发，积极参与科技成果转化，成功发明陆基生态渔场构建技术。经过多年生产实践验证，与传统种养殖模式相比，陆基生态渔场可节约生产用水 30%以上，在实现养殖用水"零排放"的同时，大幅减少化肥和农药的使用量。

为改变宁夏水产养殖产业的困局和促进农业高质量发展，2016 年底，管卫兵老师受邀来到宁夏推广陆基生态渔场构建技术。之后，管卫兵老师先后带领团队累计 13 名研究生来到宁夏。团队成员长期扎根宁夏，大规模推广陆基生态渔场构建技术，致力于脱贫攻坚、乡村振兴事业和探索现代农业高质量发展道路。

经过几年的推广和实践，团队在宁夏创建了"以鱼改碱""稻渔共

作"等许多种养结合的典型案例,其中最著名的是习近平总书记曾调研的稻渔空间综合种养模式。如今,团队在宁夏等西部重点水产养殖区域推进传统农业向现代农业发展,协调适水鱼蟹养殖、有机稻、有机蔬菜、饲料加工等优势产业互补可持续发展。截至目前,团队已建设核心示范基地 10 多个,获得国家稻渔示范基地称号 4 个,推广面积超过 4 万亩。自引入陆基生态渔场构建技术以来,实现累计新增效益近 2000 万元。其中,企业新增效益 580 万元,项目区农户新增收入 1337 万元,涉及农户 1.6 万人,人均增收 834 元,大大提高了稻渔种养的综合效益,推动了西部地区现代农业发展和产业融合。

在开展技术支农的过程中,团队成员深入基层、不惧挑战,用实际行动践行了上海海洋大学"勤朴忠实"的校训精神和"把论文写在世界的大洋大海和祖国的江河湖泊上"的初心与使命。在这样的过程中,团队成功贯彻和实践了"三全育人"的理念。

(二) 思路

由老师带领学生亲身实践,将科学文化知识活学活用到基层生产中,锻炼学生发现问题与解决问题的能力,引导学生树立投身祖国乡村振兴事业的远大理想,根植学生的家国情怀,从而实现"三全育人"的目的。

(三) 做法

由老师带领学生长期扎根基层,将团队的科研任务与企业农户的生产实践结合。学生深入一线,学会解决日常生产中的各项问题。学生在实践过程中不断加强对科学文化知识的理解和运用能力,培养动手能力,从而弥补书本和课堂教育的不足。老师引导学生将自己的科研成果服务于企业,提升就业能力。老师让学生走进乡村、了解乡村,从而热爱乡村,愿意投身祖国的乡村振兴事业。老师帮助学生获得服务乡村的成就感和使命感,激发学生的爱国主义情怀,从而实现"三全育人"理念的贯彻和实践。

（四）典型事例

2021年暑期,管卫兵老师带领团队在宁夏开展社会实践活动,对当地种养殖户进行走访调研和技术帮扶,解决生产中存在的难点问题。团队成员均为生态学硕士研究生,但本科专业涵盖工程管理、旅游管理、水产养殖、土地资源管理和生物工程等不同领域,管老师积极引导学生结合自身专业背景来发挥特长。团队成员备受鼓励,在实践过程中,将土木、水利、水生生物学、地质学和生态学等知识结合在一起,为各家企业和农户提出许多有益的建议,大大发挥了交叉学科优势,更好地实现了增收致富目标。另外,团队成员均为研究生,在进行社会实践的同时,还需开展科研工作。管老师经常教导学生,"科研只有与生产实践相结合才能发挥最大意义,上海海洋大学作为农林类特色应用型大学,将我们的所学服务于农民是我们的职责所在,要带领农民走上致富的道路。让科研服务生产,让技术富裕农民,这样的科研才是最有价值的"。团队成员时刻牢记管老师教诲,始终坚持将自身科研与生产实践结合,为国家的"三农"事业贡献自己的智慧与汗水。

2021年7月,宁夏遭遇了几十年难得一遇的高温,团队成员因科研任务来到银川科海生物技术有限公司开展研究工作,却发现基地内部分养殖鱼塘出现了鱼浮头、不吃食、鱼体受伤感染等问题。团队成员立即对该企业鱼塘的水质、浮游动植物、鱼体寄生虫进行了检测分析,发现水体氨氮含量较高,蓝藻较多,而且鱼体寄生虫也很多。团队成员一起查阅资料后,采取了换水、撒药、泼洒有益菌等措施,最后鱼都正常进食,没有给企业造成太大损失,因此团队成员也收到了企业负责人的感谢。

虽然团队成员长期扎根西部基层,但始终关注其他地区的情况。2021年7月20日开始,河南省遭遇极端强降雨,暴雨导致了严重内涝,河南多地出现险情,各地的求助信息牵动人心。一方有难,八方支援。团队长期合作帮扶的深圳绿百年贺兰分公司发挥自身蔬菜种植产业优势,决定向新乡市捐赠苦瓜、冬瓜、菜心等自产的有机蔬菜3400余斤。团队成员时刻关注河南灾情,当得知捐赠工作缺乏人手后,积极联系企业负责人,参与到现场的蔬菜打包、装车等工作中,为捐赠工作贡献出自己的一份力量。

2022 年,团队成员克服困难,再次前往宁夏开展帮扶工作,将工作重点放在了贺兰县的优势产业重点建设园区——寇家湖。寇家湖园区占地 18705 亩,经过多年生产养殖,基础条件逐渐落后,水体环境较差,严重制约了特色水产品的产业健康发展。为助力寇家湖的生态保护和高质量发展,团队开展寇家湖水生态环境调查,并对园区企业和农户进行走访调研,针对生产实践中遇到的问题提供技术帮扶。在管卫兵老师的指导下,团队成员抵达目的地后,立即利用科学的手段对寇家湖渔业公园的水生态环境进行了调查,旨在了解当前水质情况,为进一步开展养殖尾水处理工作提供参考。

在促进寇家湖生态环境质量提升的同时,团队还与当地企业开展合作帮扶,实现寇家湖产业的高质量发展。宁夏海永生态农牧科技有限公司是寇家湖园区的一家水产养殖企业,团队利用陆基生态渔场构建技术,帮助其实现对池塘养殖尾水的高效处理和循环利用,并提升其水产品产量和质量,获得经济和生态双重价值。为帮助园区企业拓宽销售渠道,打响寇家湖名特优水产品牌效应,团队成员积极协助当地企业参加由宁夏农业农村厅、财政厅会同福建省农业农村厅、银川市人民政府等单位共同举办的"闽宁特产线上行"活动。在此期间,团队成员化身推销员,体验别样生活。为保证准时到达活动场地,并将水、充氧泵等设施提前准备好,团队成员在活动期间每天六点半起床洗漱,抓紧每分每秒。在活动过程中,团队成员从开始的害羞腼腆,不敢大声叫卖,到后面主动揽客推销;从开始的不太熟练地用网抓鱼,到后面为了抓紧接单直接徒手捞鱼。通过这次活动,团队成员领悟到,要想帮助企业和农户增收致富,不仅要鱼养得好,还要鱼卖得好。

初心如磐,笃行致远。管卫兵老师将"三全育人"工作融入到祖国的乡村振兴事业当中,引导学生在广袤的农村大地上贡献自己的力量,彰显出上海海洋大学教师育人的智慧与担当。

二、育人成效情况

（一）获奖情况

（1）2021 年 10 月,团队荣获第七届中国国际"互联网＋"大学生创新创业大赛上海海洋大学校赛一等奖、上海赛区银奖。

（2）2021 年 12 月,团队荣获 2021 年度"知行杯"上海海洋大学大学生社会实践优秀项目。

（3）2022 年 7 月,团队入围"三下乡"全国重点团队。

（4）2022 年 8 月,团队荣获 2022 年度上海海洋大学"活力社团"称号。

（5）2022 年 8 月,团队荣获第八届中国国际"互联网＋"大学生创新创业大赛上海海洋大学校赛一等奖、上海赛区铜奖。

（6）2022 年 9 月,团队荣获"奉献杯"第三届上海青年志愿服务项目大赛上海海洋大学校赛二等奖。

（二）媒体报道情况

陆基生态渔场构建技术助力宁夏乡村振兴的事迹多次被学校官媒和《中国渔业报》《新民晚报》《上海科技报》等多家社会主流媒体报道。

大学历史、文化与精神传承教育及实践
——上海海洋大学"百年潮，海大梦"品读海大项目

上海海洋大学马克思主义学院 / 李玉铭

上海海洋大学学生工作部（处）团委 / 张亚琼

上海海洋大学深度挖掘"勤朴忠实"百年校训的精神内涵和育人功能，以校园内主轴大道朝海路 700 米百年历史文化长廊作为核心路线，通过师生志愿者的积极参与，讲好校训故事，不断增强师生的爱国荣校意识，潜移默化地将社会主义核心价值观和校训结合起来，并且落细、落小、落实。

一、项目开展总体情况

（一）践行社会主义核心价值观，深化爱国荣校主题教育内涵

品读海大项目系上海海洋大学"三全育人"之校园文化育人板块的重要支撑点和发力点。品读海大项目以校训照壁为起点，以朝海路700 米百年历史文化长廊作为主线，以七道门及沿途景观雕塑为讲解点，由师生志愿者讲解员带领新生穿越历史长河，重温学校发展变革之路。志愿者们用一个个悠久而又富含海大文化底蕴的故事，向同学们讲解了上海海洋大学的精神内涵和建校历程，从而传承校园文化，使校训的精神"内化于心，外化于行"；深入剖析每一个故事背后所蕴含的国

之大事,帮助新进师生将学校的百年风雨路与海洋大国的苦难辉煌史相结合,以引导海大师生进一步关心海洋、认识海洋、经略海洋,为维护我国海洋权益,全面实施海洋战略而发愤图强。

品史,传承海大"魂"。作为迎新系列主题教育活动之一,品读海大项目深度挖掘"勤朴忠实"百年校训的精神内涵和育人功能,以朝海路700米百年历史文化长廊作为核心路线,引导新生品读海大历史、传承海大精神,潜移默化地将社会主义核心价值观和校训结合起来。通过此项活动,新学子能够了解上海海洋大学一路走来的百年历史沿革,并由此进一步深入了解中国的近现代史和国际格局变化,形成立体化的历史发展架构,学习专业书上读不到的知识和故事,成为真正知根知底的"家里人",传承海大文化、培养海大情怀。

观今,培育海大"情"。重温百年,放眼现今,品读海大项目被赋予新的使命。通过讲解与聆听,师生不断增强爱国荣校意识,培育浓厚的海大之情。自2014年以来,品读海大项目覆盖33000余名新生,累计有300余名教职员工和1500余名学生参加到讲解的队伍中来,他们中有满腹经纶的教授,有学识渊博的学者,有满头白发的退休教师,有初为人师的"青椒",还有各学院、各年级的"学霸"、科创达人、志愿者精英,青春洋溢的学长学姐等。其中,教师占到了志愿者总数的20%,他们用自己的海大经历和海大感悟,结合自己的专业特色和学科背景,为新海大人送上入学第一课,用实际行动诠释了立德树人、全员育人。

望远,铸就海大"梦"。品读海大项目以回首过去作为形式,以展望未来作为立意,期望通过品读来引导新生成为未来的筑梦者。为了更好地讲好海大故事,品读海大社团应运而生,成为宣传海大、传播海大的重要力量,也在推动校园文化讲解的专业化、系统化、品牌化发展方面迈出了至关重要的一步。社团从思想层面为品读海大项目的可持续开展不断赋予新的内容,将其打造成为形式丰富、立意高远、思想性强的品牌活动,真正地让文化自信成为每一个海大学子内心深处更基础、更广泛、更深厚的自信。

（二）丰富延伸活动，用青年喜爱的活动形式讲好党史、校史故事

品读海大项目除了朝海路历史文化长廊的主线讲解活动，还举行了校歌比赛、书画大赛、校史演讲比赛、校史知识竞赛等系列活动，逐步发展出一套多元化、丰富化、成熟化的配套活动体系，发扬了海大精神，极大推动了校园文化建设，丰富了校园文化。通过对上海海洋大学百年历史的讲解，品读海大项目深入贯彻习近平新时代中国特色社会主义思想和习近平总书记"七一"重要讲话精神，为海大学子扎下校训"勤朴忠实"的根，植入社会主义核心价值观的魂，培养海大学子爱国荣校、求真务实、自强不息的中国精神。品读海大项目围绕立德树人开展工作，坚持以德育人的思想，不断提高学生的思想水平、政治觉悟、道德品质、文化素养，结合校史校训育人功能，深挖校史校训育人资源，引导学生理解创校使命、了解校训精神、领会办学传统、感受学科使命、体悟未来发展及历史使命。

（三）创新开展沉浸式党史与校史话剧创作、展演，生动教育见成效

积极推进三圈三全十育人工作，探索思想政治教育的创新形式，大师剧正是其中的标志性成果之一。作为弘扬大师风范、推进党史与校史教育的创新载体，大师剧《朱元鼎》是上海海洋大学培育和践行社会主义核心价值观、弘扬中华优秀传统文化的重要组成部分。大师剧《朱元鼎》是以上海海洋大学朱元鼎教授为原型，由学生自排、自导、自演的传承经典的作品。该剧讲述了鱼类学家朱元鼎研究鱼类的一生，展现了朱元鼎对鱼类事业的痴迷、对祖国的热爱、对学生培养的用心，生动刻画了一个鱼类学大师对鱼类学事业的矢志不渝。2019 年至今，大师剧《朱元鼎》已巡演 10 场，累计观看人数过万。

为实现校史与党史融合，把生活故事搬上艺术舞台，上海海洋大学精细打磨的 20 部爱国剧覆盖全校所有学院，参演师生达 200 余人。例如，爱恩学院的《永不消逝的电波》、经济管理学院及海洋生态与环境学院的《江姐》，展现了革命时期爱国青年党员大义凛然、斗争到底的革命情操，讴歌了革命者忘我的战斗精神和崇高的革命理想，深情演绎出共产党员的崇高信仰。又如，水产与生命学院的《胸怀水养情，奉献为渔民》、海洋科学学院的《时间窨史 2》等原创剧，以校史校情的先贤英模事迹为原型，或者以学校专业特色为背景，把生活中的故事搬上舞台并进行艺术加工，宣扬"勤朴忠实"的校训精神，扩大育人功效。信息学院的《摆渡人》、食品学院的《你为什么入党》，则以亲身经历作为创作素材，深刻诠释了青年是国家的希望、民族的未来，展示了海大青年始终保持着大无畏的奋斗精神，以及迈进新征程、奋进新时代的精气神。目前，这些高水平特色爱国剧已经在校内演出 20 余场，6000 余名师生观看演出，反响强烈。除了在校内各层面密集演出，爱国剧还走出校园，在中小学和社区进行展演。

品读海大项目具备天然的校园文化教育价值属性，以朝海路 700 米百年历史文化长廊作为核心路线，以校园标志性雕塑、建筑为节点，讲好海大故事、推动学科发展，以学生喜闻乐见的方式推进校园文化育人体系建设。品读海大项目不断优化新闻宣传，积极拓展传播途径，极大丰富了校史育人宣传体系。品读海大项目开辟了多元化的宣传平台，从微信公众号到校园网要闻专栏再到学习强国号，形成了多层次、立体化的校史宣传体系。品读海大项目能够增进学生对校史校情的了解，增强学生对学校的认同感和荣誉感。尤其是通过对学校发展历程中的突出成就及学术大师的治学精神、求知经历、科研探索精神的故事性讲解，能够更加形象地让学生感受到学校的办学历程和成绩，使校史教育更贴近学生，增强感染力和吸引力，进而提升学生的情感认同和归属感。品读海大项目设计了一系列活动宣传品，包括活动宣传海报 1 套、品读海大校园文化讲解册 1 套、活动宣传单 1 套、海大校歌歌词 1 套、朝海路手绘地图 1 套、文化小风扇 1 套、文化折扇 1 套、志愿者文化衫 1 套、七道门徽章 1 套、六分仪徽章 1 套等。为进一步拓展品读的空间，每一座雕塑和七道门旁还增设了音频二维码，为不同的受众提供更有针对性的个性化讲解稿件。

二、存在的问题与不足

目前,校史文化研究需得到更多的重视。相关校史编撰一般服务于大事记的梳理,还没有思想政治育人视角的体现,其中涉及研究人员较少、资金投入不够、研究机制尚不完善等问题。

(一)品读海大文化育人平台还需进一步完善

校史文化展示和宣传的重要平台,就是校史馆和朝海路历史景观大道,校史馆是集校史文物收集、展陈和讲解于一体的场所。目前,校史文化资源还停留在校史馆资源,在展示平台方面,途径、方式单一,滞后于当下新媒体发展。在宣传方面,要借助网络新媒体优势,推进线上线下品牌化产品的构建。

(二)校园文化育人力度还需继续加大

在方法上,校园文化教育可以潜移默化、润物无声,渗透到学生的感情之中,使他们形成正确的世界观和人生观。校史文化育人资源需进一步挖掘,目前还只是停留在校史的收集和展示。校史文化育人要继续搜集和丰富史料,同时根据时代需求,用学生喜闻乐见的方式讲好校史故事,扩大校史育人辐射面。

三、下一步的工作思路和举措

(一)加强校史文化研究,挖掘品读的深度

校史文化的研究实际上就是对校史进行研究,校史研究的实质就是在真实记载学校历史的基础上,挖掘学校在长期教育和办学实践中积淀与创造的具有鲜明个性的深厚文化底蕴,并进行科学的价值判断。要不断探索教育和大学发展、变革的基本脉络与客观规律,以史为鉴、面向未来,不断开创教育和大学发展、变革的新局面。

（二）完善传播方式，拓展品读的广度

要进一步利用新媒体，对校史馆资源及校史文化素材进行多渠道、多形式的宣传，提升学生的兴趣，进而贴近生活、贴近学生、贴近实际，传递校史文化价值理念。同时，强化校史文化在校园文化建设中的导向功能，彰显校史文化的时代性，繁荣校园文化建设。此外，推动校史书籍、校园景观或雕塑、校史专题片或纪录片的创作，力求题材选取精准、内容新颖独特、表现形式生动，从而引起青年学生的共鸣。

发挥大学英语赛事优势，全面落实"三全育人"

上海海洋大学外国语学院 / 杨德民

一、背景

2017 年 2 月，中共中央国务院印发《关于加强和改进新形势下高校思想政治工作的意见》，指出高校思想政治工作要坚持五个基本原则，其中之一是"坚持全员全过程全方位育人"。《关于加强和改进新形势下高校思想政治工作的意见》指出，"加强和改进思想政治工作，事关办什么样的大学、事关办大学的根本问题"。"三全育人"就是要"把思想价值引领贯穿教学全过程和各环节，形成教书育人、科研育人、实践育人、管理育人、服务育人、文化育人、组织育人长效机制"。2020 年 3 月，上海海洋大学党委常委会审定并印发《中共上海海洋大学委员会关于进一步推进"三全育人"综合改革实施方案》，"三全育人"工作在全校上下全面启动。

上海海洋大学外国语学院大学英语教学部以上海海洋大学本、研一、研二年级为工作对象，与全校各部门协同，课上课下、线上线下、三级课堂紧密配合，全员参与、全过程覆盖，推动学生群体在知识、技能、思想品德方面全方位发展。融合了"三全育人"基本原则的大学英语教学，在第二课堂与第三课堂构筑高水平赛事平台，为上海海洋大学的学子提供展示外语水平的机会。同时，举办的各类赛事活动，以唱响主旋律、歌颂新时代为原则,确保大学英语的德育效果与学生群体的语言技能同步提升。赛事过程和赛事的连带效应也是引领学生前进不止、奋斗不息的激励因素。

二、做法

在家庭、学校和社会各方参与的育人背景下,上海海洋大学外国语学院大学英语教学部重视发挥高校校园德育工作集中、系统的特点,在全方位和全过程育人方面入手,持续推进思政教育。

2020 年 11 月,上海海洋大学选手高若桐(2019 级英语 1 班)荣获全国英语演讲大赛上海赛区复赛特等奖

(一) 发挥"双带头人"教师党支部书记工作室的引领和组织功能

上海海洋大学外国语学院大学英语教学部组织承办两项年度国家级单科赛事——"外研社·国才杯"全国英语演讲比赛和写作比赛——已有 20 年的历史。同时,"双带头人"教师党支部书记工作室负责人全面负责学院课程思政工作和大学英语教学部工作。系部、党支部和学院课程思政工作室统一领导与协调下的英语演讲比赛和写作比赛,在总体运行上,注重德育元素有机融入赛事全过程。写作比赛的命题和演讲比赛的定题演讲及即兴演讲题目的设计,均经过系部赛事组委会把关,确保赛事的思想性、科学性、严谨性。

(二) 语言技能的培养和人生观与价值观的塑造联合推进

英语演讲比赛和写作比赛作为学科类赛事,参赛选手的语言功底和技能水平是主要测评点。评分规则中,参赛者作答的内容在评价指标中占比相对较大;演讲比赛和写作比赛的展示内容中,贯穿着参赛者个体的态度、思想、价值观等隐性内容。赛事组委会制定的评分规则倡导正能量、弘扬主旋律,有力确保公正、合理、客观、全面地评价每个参赛选手的综合能力。尤其是上海海洋大学于2017年成为上海市高校课程思政整点校以来,外国语学院大学英语教学部在两项赛事中更加重视对德育元素的评价。在校园选拔赛中,上海海洋大学外国语学院大学英语教学部选用贴近现实的主题,引导参赛者回望我国改革开放的历史,审视新时代背景下的自我,展望第二个百年奋斗目标;宏大的历史叙事和新时代的状况相映照,促使参赛者思考新时代背景下的个体如何准确定位自我,进而探索如何发挥自己的优势和特长,为国家、社会、人类命运共同体作出自己应有的贡献。

(三) 红色基因融于赛事,唱响主旋律

结合全党学习"四史"特别是党史的实践,英语演讲比赛通过红色党史故事,引导参赛选手在历史回忆中体悟前进的力量,在当今生活中发现红色基因的传承。参赛者用外语介绍历经艰难坎坷、前行不止的中国,讲述过程就是理解过程,从中切实感悟共产党人矢志不渝,誓为人民谋幸福的坚毅初心。参赛者不断升华和提高,聚焦当下,歌颂现实生活中的那些为使命而不息奋斗的时代新人,并以此对照自身实际,锚定为人民服务的人生目标,规划脚下延伸到未来的路。2021年,全国英语演讲比赛的定题演讲主题是"红星照耀中国"(Red Star Over China),成为唱响主旋律的代表性案例。演讲主题的设计,旨在考查参赛者的英语理解能力、口语表达能力和思想升华能力。比赛过程中,上海海洋大学的参赛者紧紧围绕赛题的题眼——"故事仍在继续"(红星精神依然闪耀),激情阐述生活中处处闪耀着的一颗颗璀璨的"小红

星"，并结合自身经历，讲述作为新一代的小红星，如何传承红星精神，奉献自我、造福他人。

（四）通过赛事培育全面发展的人

调动学生志愿者的力量协助赛事运行，不仅可以提高效率，而且可以锻炼学生的组织能力、协调能力、沟通能力。2022 年秋季学期的教学是线上和线下双渠道融合进行，上海海洋大学外国语学院大学英语教学部顺势而为，借助学生志愿者和助教团队的力量，成功在线上举办两项赛事。在演讲比赛的决赛环节，即兴演讲的时间节点要精准把控。组委会调动往届参赛选手参与协调赛事的运行，实现了对赛事环节的高效推进。写作比赛的报名中，亦注重发挥学生团体的宣传和传播效能，多渠道推送写作比赛信息。2022 年的参赛者人数突破以往，研究生助教团队和志愿者又为线上监考提供了强有力的支援。

三、成效

近 5 年来，在由上海海洋大学外国语学院大学英语教学部承办的两项赛事中，上海海洋大学的多名选手荣获佳绩。其中，获上海市演讲比赛特等奖 1 人，多人荣获演讲比赛和写作比赛一、二、三等奖。"三全育人"旨在培养全面发展的人，上海海洋大学外国语学院大学英语教学部在日常教学工作中认真做好课程思政教学，协同学校各部门，落实全员育人；注重发挥第二课堂的全过程育人功能，通过各类赛事活动，不仅在赛事中练就德能全面发展的新人，亦在赛事组织环节中，提供推动大学生非智力因素发展的机会，锻炼综合协调能力、社交能力，培养责任意识；赛事中有机融入德育元素，思想提升和道德培育与知识技能同进步，在全方位育人维度上做足文章。新时代、新征程，上海海洋大学外国语学院大学英语教学部将继续引导全校大学生紧跟时代步伐，听党话、跟党走，众人合力，在实现第二个百年奋斗目标和建设人类命运共同体的道路上，不懈努力、艰苦奋斗、再创辉煌。

四、启示

　　"三全育人"是加强和改进高校思想政治工作的基本原则之一,是落实立德和树人并举的关键举措,是高校履行历史使命的重要一环。教育者、管理者等相关方要深入领会党的教育方针,在此基础上,认真在实践中不断总结经验,增强实施效果。"三全育人"在育人环节中,宏观上具有指导意义,如广泛调动最大范围的力量参与育人各环节;中观上具有实操性,如显性的赛事主题设计、参赛者个体产出的质量和效果等;微观上可以从教育活动的影响方面展现效果,如赛事的后摄效应——2021年英语演讲比赛的赛题设计。上海海洋大学的学子在2021年的英语演讲比赛中充分展示了高超的思想性和坚实的语言基本功,多位选手的演讲反映出他(她)们在日常生活中发现的"颗颗红星",选手们用形象、地道、流利的英语,细致刻画了红星精神如何激励着每个人持续奋斗。总之,教育者、管理者等相关方只要用心领悟、深入探索、精密设计,就能充分发挥每一个教育环节的育人优势,最终实现全员、全过程、全方位综合育人。

传承、陶冶、明道
——书法与篆刻校园系列活动育人成效

上海海洋大学海洋文化与法律学院／高　榕

一、背景

为贯彻落实习近平总书记关于弘扬中华优秀传统文化的重要指示精神，以及贯彻落实中共中央办公厅、国务院办公厅印发的《关于全面加强和改进新时代学校体育工作的意见》和《关于全面加强和改进新时代学校美育工作的意见》等有关文件的精神，上海海洋大学校领导高度重视美育教学，充分认识到美育教学在人才培养工作中的重要性。

2021年4月30日，教育部发布《关于成立教育部中国书法教育指导委员会等三个教育指导委员会的通知》，强调切实加强中国书法、武术、戏曲教育工作，深化中国书法、武术、戏曲教育改革，进一步传承发展中华优秀传统文化，丰富拓展校园文化，推进中国书法、武术、戏曲进校园、进课堂，充分发挥专家对中国书法、武术、戏曲教育工作的研究、咨询、评估和指导作用。上海海洋大学积极落实文件精神，陆续开展了一系列的书法与篆刻类课程和活动。

上海海洋大学以美育通识教育为主导，以艺术教育为抓手，创新人才培养，强化艺术实践，建立协同育人体系。上海海洋大学海洋文化与法律学院高榕老师主要负责书法与篆刻类的课程和活动，她在整个育人过程中，坚持以立德树人为根本任务，全面融入社会主义核心价值观教育和中华民族传统文化精神,不断加强书法和篆刻教学的第一课堂与第二课堂联动,以 OBE 理念持续推动课程改革,营造了良好的书法和篆刻育人功能。

二、成效

(一)课程建设日渐完善

目前,上海海洋大学书法与篆刻类课程全部由高榕老师负责,具体课程开设情况如下:

课程名称	学分	课时	累计选修人数
中国书法与篆刻艺术鉴赏	2	32	740
中国书法基础技法	2	32	40
中国篆刻基础技法	2	32	30
总计			810

在授课过程中,高榕老师特别注重第一课堂与第二课堂的结合,要求所有学生不能仅仅进行理论学习,还要参与书法与篆刻作品的创作,并鼓励所有学生参与专业书法与篆刻的比赛,或者参与展示活动。目前,选修课程的学生累计获得全国、各省市、校级书法篆刻类比赛证书300 余项。

(二)学科竞赛成绩丰硕

上海海洋大学校级学科竞赛门类还不齐全,由高榕老师负责的书法与篆刻类竞赛有汉字文化创意大赛与中华经典诵写讲大赛,这两项学科竞赛都是每年举行一次。除此之外,选修课程的学生每年还会参加上海市教委举办的各类主题书法、篆刻比赛和展览,如上海市师生书法篆刻作品展等,累计获得了 50 余项荣誉。

汉字文化创意大赛已经连续举办七届,每一届都会围绕一个主题,让学生们提交有关汉字的创意作品,从而加深了大家对汉字知识的了解,激发了大家对汉字艺术的热爱,也培养了大家的创意思维。

中华经典诵写讲大赛是由中国教育部语言文字委员会主办的国家级活动,目前已经举办了三届,上海海洋大学积极落实举行该比赛的校级选拔赛,主要由高榕老师负责指导、组织、评审、展示等,在学生中反响热烈,获得了很多荣誉。在 2020 年第二届中华经典诵写讲大赛中,上海海洋大学获上海市优秀组织奖,1 人获全国三等奖,1 人获市级二等奖,2 人获市级三等奖。在 2021 年第三届诵写讲大赛中,上海海洋大学获得全国优秀组织奖和上海市优秀组织奖,高榕老师获得上海市优秀指导教师,学生(书法篆刻类)共计获得奖项 43 项,其中国家级荣誉 12 项,上海市级荣誉 31 项。在 2022 年第四届诵写讲大赛中,上海海洋大学再次获得全国优秀组织奖和上海市优秀组织奖,高榕老师也再次获得上海市优秀指导教师,学生(书法篆刻类)共计获得奖项 64 项,其中国家级荣誉 8 项,上海市级荣誉 56 项。

2022 年 11 月 20 日,由上海市艺术教育委员会指导,上海市科技艺术教育中心、上海市书法家协会主办,上海市艺术教育协会承办的第四届上海市硬笔书法和篆刻大展获奖名单公布,上海海洋大学师生成绩斐然,获奖和入展学生皆由高榕老师指导,共获得 36 项荣誉,其中一等奖 3 人,二等奖 8 人,三等奖 13 人,优秀奖 12 人。

另外,高榕老师指导学生以书法篆刻作品参加 2022 年汇创青春,获得上海市二等奖。

(三)书法篆刻相关社团质量提高

由高榕老师负责指导的社团有金石书画社和文创社。其中,金石书画社主要围绕书法篆刻进行社团活动,目前社团成员 100 余人,每周二和周五下午进行社团常规活动,即书法篆刻研习,成为了爱好书法篆刻在校学生的集中地,大家相互探讨,受到学生好评。

文创社作为新起步的社团,是一个融校园文化的创意产品的设计和落地生产及后续销售于一体的产学研典型社团,目前已经投产第一期的文创产品,受到校领导和广大师生的喜爱,其中包含了大量书法篆刻元素。

(四) 书法篆刻相关展览活动增加

上海海洋大学依托开设的书法与篆刻类选修课程,组织开展了丰富多样的展示交流活动,如迎新春上海海洋大学现场书写赠送春联、滴水湖书画院聘请暨送春联、庆祝上海海洋大学建校 108 周年师生书法展、2021 上海河蟹产业体系浦东行等,并成立了上海海洋大学教职工书法协会,便于长期开展书法篆刻类活动。

三、经验启示

(一) 基于学校、学院支持

书法与篆刻是具有较高技巧的艺术类课程,偏重实践教学与训练,硬件环境和设施是最基础的教学保障。上海海洋大学成立了美育育人中心,主要负责全校学生的美育工作,书法与篆刻类课程和活动的开展是其主要工作之一。上海海洋大学海洋文化与法律学院设有文学与艺术系,对高榕老师开设的书法与篆刻类课程提供了大力支持,并建设了书法篆刻活动室。

(二) 课程建设

目前,上海海洋大学已开设每学期三门共四个班级的书法与篆刻类课程,每学期覆盖学生 230 人左右,足量的课程开设是增加学生覆盖的保障。

课程内容和形式要结合学生实际情况进行创新与调整,将学校的培养目标和学科的培养目标及社会的人才需求相结合,将第一课堂和第二课堂相结合,及时改进教学的内容和方法。

(三) 因材施教,针对性指导

书法与篆刻类课程具有其学科特点,教学过程中需要根据不同学生的个人感受力和学基础来因材施教,针对性地对每个学生进行指导。这样既可以发挥每一个学生的自身特长,又能让学生们在此过程中获得被重视、被关怀的感觉,从而进一步增强学习的兴趣和信心。

(四)教师投入

教师投入分为两个方面:一是对教学和学生的热爱,即不仅仅把重点放在课堂上,更多的是课下的交流和指导、对教学的主动探究、对学生时时刻刻的关怀。二是对课程专业的热爱,高榕老师在教学之余积极提升自我专业水平,积极参与全国各类比赛并取得优异成绩,积极参与研讨论坛等活动,她受聘为上海市书法家协会教育与交流工作委员会委员、上海市艺术教育委员会篆刻专业组成员、上海市篆刻教师培训指导教师,获得 2022 年"上海高校青年教师培养资助计划"课程思政教学案例展演优秀奖、第四届中华经典诵写讲全国二等奖,第四届中华经典诵写讲上海赛区篆刻二等奖、第四届中华经典诵写讲上海赛区书法二等奖,受邀参加印记初心——庆祝中国共产党成立 100 周年大众篆刻作品展等。

师生同心　与党同行
——上海海洋大学易班关工委"同心圆"育人模式的探索与实践

上海海洋大学学生工作部(处) / 刘智斌　叶　骏　依力亚斯·牙力坤

　　习近平总书记在纪念中国关心下一代工作委员会成立30周年暨全国关心下一代工作表彰大会上指出,广大"五老"是党和国家的宝贵财富,是加强青少年思想政治工作的重要力量。高校关工委汇聚了一大批学校离退休的老干部、老教授等老同志,他们具有丰富的人生阅历及组织管理和教育经验,参与大学生思想政治教育具有得天独厚的优势。但是,也必须看到,时代发展、环境变化和年龄差距所导致的代际差异也造成了关工委在关心和教育下一代的过程中的障碍。为了在互联网时代一如既往地发挥关工委独特的育人作用,上海海洋大学从2017年起,依托易班平台创新设计了"师生同心　与党同行"易班关工委"同心圆"育人项目,并取得了一定的成效,曾荣获上海市教育系统关工委年度课题成果一等奖、2020年第四届全国高校网络教育优秀作品推选展示活动三等奖、上海高校网络教育优秀作品推选展示活动一等奖。

一、创新思路

　　贯彻习近平总书记关于做好关心下一代工作的系列重要指示精

神,紧紧围绕立德树人的育人宗旨,以全国大学生网络互动社区——易班为主要平台载体,以"社群平台"跨越"年龄代沟",让师生距离"变细",在网络互联中增强教育的亲和力;以"导向归纳"实现"精准滴灌",让宏大叙事"变小",在答疑解惑中提升育人针对性;以"跨界融合"强化"体验指引",让空乏说教"变实",在线上线下融合中增强育人吸引力,助力关工委开展育人工作,让更多的老干部、老教师能继续发光发热,引导青年学生坚定理想信念、矢志报国成才,永远听党话、跟党走。

二、特色做法

围绕立德树人的育人宗旨,通过个体关系建构、交流互动再造及资源供给设计三方面进行创新考量:

(一)以"社群平台"跨越"年龄代沟"

打造亦师亦友的平台。结合关工委老教师的实际情况,借助易班构建社群,将关工委教师和学生纳入特定的网络群组,建立关工委教师与学生之间的网络家园。利用社群中的网络应用,师生可以方便地进行互动交流和分享学习资料。同时,建立关工委教师与易班骨干一对一的网络沟通平台,建立易班"同心圆"平台交流的信息传递和反馈机制,通过网络方式跨越年龄间的代沟。

(二)以"导向归纳"实现"精准滴灌"

打造答疑解惑的平台。"同心圆"育人项目不仅拉近了关工委老教师与学生的距离,而且精心设计了师生间的互动方式。"同心圆"育人项目采取"导向归纳"的方式了解、分析和归纳学生学习生活及成长过程中遇到的各种问题和困惑,并对问题和困惑进行分类梳理与标签化处理,再由关工委教师解答和进行网络化反馈。这种做法改变了过去灌输的模式,将关工委所蕴含的教育资源与学生的需求和关注点进行匹配及对接,同时转变话语体系,用网言网语与学生摆事实、讲道理,提升育人的精准性和实效性。

易班"同心圆"网络社群界面

（三）以"跨界融合"强化"体验指引"

打造寓教于乐的平台。在"同心圆"育人项目中，我们坚持把有意义的事情做得有意思，交流互动的内容不仅仅是文字对文字，还包括声音、视频等多媒体，并将线上线下结合起来，将对话和网络文化活动结合起来。在易班上，关工委副主任叶骏教授开通了自己的公共号——"同行者"。作为中华人民共和国的同龄人，叶骏教授用博文的形式分享个人的人生经历和思想观点，如他以《海大际遇：从江边到海边》一文回忆了当年他作为党委书记参与上海海洋大学搬迁至临港的决策过程。2018级海洋生态与环境专业的李同学在阅读叶骏教授的文章之后说，自己报考上海海洋大学也是源于对大海的向往，但对百年海大这次历史变迁也是第一次了解到，深刻感受到了党和国家的关怀及前辈们努力。

三、具体内容和主要成效

"同心圆"育人项目在推进过程中得到了上海市教育关工委的指导，在各级领导的关心下，立足上海海洋大学的特点，项目在探索实践中取得了一定的成效。

（一）领导充分重视，认真做好项目筹划

"同心圆"育人项目得到了上海海洋大学有关领导的充分重视，校

关工委领导多次召开工作会议,将项目命名为"同心圆"也代表着"与党同心　师生同行"。2017 年 5 月 23 日,上海海洋大学召开项目启动会议,上海市教育关工委领导、校党委负责同志、校关工委负责同志等,以及学校职能部门负责人与学院师生代表出席会议。上海市领导代表上海市教育关工委对上海海洋大学积极探索"互联网＋"背景下关工委育人工作的创新实践给予了充分肯定并寄予希望,这也标志着上海海洋大学在"互联网＋关工委"方面开始了全新的探索实践。

(二) 精心设计"同心圆"网络社群,师生共群交流其乐融融

"同心圆"育人项目不仅开通了易班"同心圆"机构群,而且设计了寓意为"大手牵小手,与党同心、师生同行"的 LOGO 和互动环境。截至 2021 年 5 月 27 日,关工委教师及 473 位学生网络志愿者加入群组,大家在群内围绕"四史"学习、中华人民共和国成立 70 周年等时政热点及大学的学习和生活等主题发布话题近 200 个,浏览量将近 6 万。在互动过程中,易班工作站同学积极协助关工委老教师使用易班,关工委老师和蔼可亲的态度也让原本有些紧张的同学放松了下来,不少同学还与关工委老师结成了忘年交。在座谈会上,关工委老同志好多次都亲切地喊着这些不曾谋面的网络小伙伴的网名进行交流。其中,2016级行管 2 班的陈同学感慨地说,听到老师喊我的网名,有种特别亲切的感觉,关工委老师退休了还想着继续关心我们,真的很感动,感觉"同心圆"育人项目蛮有意义的。

(三) 贴心设计问答机制,答疑解惑针对性强

"同心圆"育人项目以问题导向、精准答疑的育人方式,在易班精心设计了易班快答和老教师帮帮团答疑解惑等功能模块,累计吸引超过1.5 万人关注,共提出了将近 2000 个问题。工作站的网络骨干正在对问题进行梳理,按照认识社会、人生思考、学业指南、校园生活和海大百年等五个方面进行分类归纳,并根据关工委老师的个人专业领域来分批进行问题推送。同时,相关内容也在易班群组中进行了跟帖答复,并且对答复的形式进行了设计。

（四）创新设计活动内容，线上线下结合更有实效

在"同心圆"育人项目的实施过程中，我们创新设计了吉祥物圆圆，一个充满智慧、可敬可爱的长者形象一下子拉进了与学生的距离。同时，线上线下相结合，将"读懂中国"活动也结合起来，线上提前在易班发布信息，征集同学问题，通过梳理再进行线下交流互动。例如，2018年6月19日召开的"读懂中国"老教授与大学生学习交流会上，大家共同交流学习了习近平总书记在纪念马克思诞辰200周年大会上的讲话和习近平总书记在北京大学师生座谈会上的讲话。在2019年6月19日的"读懂中国"易班同心圆大学生座谈会上，大家围绕中美贸易战、习近平总书记关于当今世界面临百年未有之大变局的论述等问题进行互动。2020年11月23日，上海海洋大学校领导、关工委老干部、老教师与青年学生一起学习"四史"，并结合网络征集的问题展开互动交流。在2021年5月24日举办的"学党史、知国情、圆梦想"易班"同心圆"主题报告会上，上海海洋大学关工委副主任叶骏教授给青年学生作报告，他结合亲身经历和故事案例，生动介绍了中国共产党波澜壮阔的百年历史，启发同学们深刻理解中国共产党为什么能及中国特色社会主义制度为什么好。报告通过线上发动和线下组织，一下子吸引了200多名青年学生前来学习，不少同学是站着听完报告的。同学们会后纷纷表示受益匪浅，学到了很多在课本上学不到的知识。2022年10月，党的二十大胜利召开后，为进一步学习、宣传和贯彻党的二十大精神，帮助广大青年学生深刻理解和领会相关内容，并将党的二十大精神转化为学习成长的动力，上海海洋大学易班中心与关工委联合利用易班平台于2022年10月16日至10月22日开展了师生共学二十大"同心圆"活动，围绕"二十大与青年""二十大与学校发展""二十大与科技创新"和"二十大与创业就业"四个主题进行了问题征集，共吸引了4000多人浏览访问，征集问题489个。2022年11月29日，围绕征集到的问题，上海海洋大学召开了线下交流座谈会，关工委老教师与青年学生面对面交流，将党的二十大精神向青年学生进行了生动阐释。

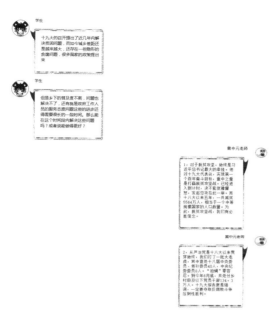

精心设计的问题归纳导向和精准答复截图

易班关工委"同心圆"平台发布"读懂中国之纪念改革开放"主题活动网页

在毕业季宣传中传递励志元素
——上海海洋大学"云上毕业季"

上海海洋大学党委宣传部 / 徐　凌

上海海洋大学通过创新活动形式、加强互动联动、拓展宣传渠道等手段,优化毕业季主题活动的组织与开展。2022 年,部分毕业生无法返回校园,上海海洋大学开启"云上毕业季",通过新科技送上祝福和嘱托,传递励志元素,乘着全媒体的东风,为整个毕业季打造出一个开放、包容、多空间的立体式传播格局。

一、总体情况

2022 届毕业生在一段特殊的经历中收获了坚守、勇气与担当,上海海洋大学也想方设法为每一位毕业生留下了最美好的回忆。上海海洋大学"云上毕业季"策划了三场活动,于 2022 年 6 月 9 日举行上海海洋大学 2022 届毕业生党员主题党课,于 2022 年 6 月 10 日举行上海海洋大学 2022 届毕业晚会,于 2022 年 6 月 11 日举行上海海洋大学 2022 届毕业典礼。以上活动各有侧重,上海海洋大学各类新媒体平台同频共振,校内校外合力发声。通过"云上毕业季"系列活动的策划,上海海洋大学致力于在线上营造满满的仪式感,力争让每一位毕业生在开启人生新阶段之前,不留遗憾。

二、策划思路

（一）直播互动营造在场感

传统毕业季活动的一大局限，是身处现场的毕业生视野有限，只能看见周围的人与事物，难以看清细节，只能做远处的围观者。上海海洋大学"云上毕业季"系列活动在学校官方新媒体平台（微信视频号、哔哩哔哩）同步直播。这种实时的网络直播保障了毕业生及其家长能同步接收传播的信息，并能通过弹幕等方式进行互动交流与情感表达。观众不仅可以看到发言者的近景，还可以看到航拍、远景等多种视角镜头，提升了沉浸感。同时，上海海洋大学还将传统的典礼、晚会的直播与"慢直播"相结合，跟随直播镜头，无法返校的学生能够看清学校的每一处风景，有身临其境的在场感。有学生在弹幕留言："毕业之际跟随镜头走遍角角落落，都是青春的回忆啊！"

（二）灵活场景下保持仪式底色

对于广大学子来说，毕业季具有重要意义，尤其是在 2022 年的特殊背景下，毕业季蕴含着更为重要的信念元素。在毕业典礼的策划上，上海海洋大学为了营造仪式氛围，还原了仪式全过程，并借助线上直播的灵活形式，对仪式场景进行创新。例如，升校旗环节以往是校旗从所有毕业生头顶传递，而 2022 届毕业典礼选择让校旗在学校地标性建筑物上缓缓升起。此外，毕业典礼还在仪式各环节切换场景，校长讲话、教师代表讲话、毕业生代表讲话等环节在不同场景下拍摄，从而在保证传统仪式神圣性的同时，更具开阔、开放的氛围。"很喜欢 2022 年的毕业典礼，特殊且有意义！"全程观看直播的 2022 届毕业生张菲雪非常感谢母校送出的毕业祝福。

三、主要做法

（一）选题策划紧跟 Z 世代步伐

从目标受众来看，"云上毕业季"主要针对的是 2022 届上海海洋大学本科及硕士毕业生,他们的爱好更多元,需要有创意、有个性,才能将这批 Z 世代"圈粉"。

在上海海洋大学 2022 届毕业生党员主题党课上,上海海洋大学党委书记王宏舟以习近平新时代中国特色社会主义思想为主线,围绕"在牢记身份中践行初心使命""在学习进步中拥抱伟大时代""在成长成熟中开启人生新篇章"三个方面分享了自己的感悟和心得,并结合青年学生成长成才发展实际,对青年党员提出了希望要求,送上真挚祝福和期盼。

在上海海洋大学 2022 届毕业晚会上,学校将舞台交由学生,从 Rap、歌曲串烧,到脱口秀、乐器演奏,所有节目均由学生参与策划。节目中,有通过 4 年的照片记录回忆在校生活的点点滴滴,有用多种语言送出真挚的毕业祝福,还有合唱团唱出的对未来的憧憬。毕业晚会结束后,上海海洋大学还通过"慢直播"的形式,带同学们一起欣赏美丽夜景。

在上海海洋大学 2022 届毕业典礼上,近 15 万人"云"聚一堂,共同见证毕业生这一人生中的重要时刻。上海海洋大学校长万荣深情寄语广大毕业生,希望 2022 届毕业生秉承优良传统,立大志、行大道;学会仰望星空,怀大局、观大势;积极"链接"时代,勇奉献、敢担当,奋进新征程、建功新时代,为国家发展、社会进步及中华民族伟大复兴作出积极的贡献。上海海洋大学 1982 届校友、中国工程院院士陈松林寄语学弟学妹,要将理想与国家需要紧密结合起来;要将人生目标与产业需求结合起来;要培养工作兴趣,提升工作激情。毕业典礼满是细节和感动,恩师回忆起金枪鱼馅的饺子、山东大苹果、肥宅快乐水、"又香又臭"的螺蛳粉和"吃不完"的包菜;食堂阿姨也"庄严承诺",常回来看看,保证不"手抖"。毕业典礼还推出了《回忆告别》《展望未来》两部毕业生短片,都是从受众的视角创作的新品,作品素材来源于毕业生,且脚本策划和视频掌镜也由学生完成。满屏青春、泪点满满,许多学生直接在评论区留言"泪目""破防"。有毕业生留言:"挥手告别,海大永远是家。"

（二）用心用情的互动创意

在互动创意的策划上，上海海洋大学用心用情，关注师生需求，寻找情感共鸣。在上海海洋大学 2022 届毕业晚会上，学生们惊喜地发现，每个篇章都设置了互动抽奖环节，由每位校领导、学院领导与教师、毕业班辅导员为毕业生精心准备了毕业礼物，如草坪婚礼、110 周年校庆套票等，传递着学校对学生的期许与祝福，使毕业生留下了难忘的回忆。在上海海洋大学 2022 届毕业典礼上，学校专门预留时间，参考了学生熟悉的电影作品，滚动播放全体毕业生姓名。在播放姓名的同时，毕业生会截取有自己和朋友姓名的画面。同时，在毕业典礼过程中，学校还在微信视频号上互动抽奖，既提升了毕业典礼的趣味性，又增强了毕业生的参与感。

（三）全平台联动形成传播合力

在"云上毕业季"宣传上，上海海洋大学注重把握时效和节奏，按照不同时间节点，在全平台发布毕业季相关物料。前期宣传上，2022 年 5 月中旬起，上海海洋大学公众号发布《毕业在即，我们想收集你们的回忆》，面向全体毕业生进行毕业季相关素材的征集，提前预热宣传。2022 年 5 月中旬至 6 月初，上海海洋大学公众号发布了毕业季相关推送，包含优秀学生推介、辅导员心得体会等；上海海洋大学抖音号推出了一系列毕业生相关视频，包含校园风景、校园生活等。

2022 年 6 月 7 日，上海海洋大学公众号发布了毕业季所有活动的时间和播出平台；2022 年 6 月 10 日，发布《毕业生，欢迎进入心愿实现系统！》，以手绘校园的方式，唤起毕业生对母校的回忆，为第二天的毕业典礼造势；2022 年 6 月 11 日，毕业典礼结束当晚；推出回顾推文；2022 年 6 月 12 日至 6 月 16 日，回顾了毕业典礼精彩瞬间和毕业生的小故事。毕业典礼的精彩视频也相应在上海海洋大学抖音号更新，形成了毕业季宣传的长尾效应。

除了借助自有新媒体矩阵外，上海海洋大学"云上毕业季"还在学习强国平台、光明网微博、钉钉视频号联合推出。

四、传播效果

上海海洋大学 2022 届毕业典礼累计直播 3 个小时,全平台累计观看总人数 15 万。其中,微信视频号累计观看人数超过 7.8 万,点赞超过 24 万,评论近 6 千条,创造了上海海洋大学校内直播数据新高。上海海洋大学"云上毕业季"的相关内容还被《人民日报》微信公众号、央广网、上观新闻、《新民晚报》、《文汇报》、上海电台、《上海科技报》等多家媒体报道。

向阳而生，向美而行，构建美育心育联合培养模式

——"忞·惎"美丽心灵辅导站纪实

上海海洋大学海洋文化与法律学院 / 胡悟悟

育才先育人，育人先育德，育德先育心。2020年，国务院办公厅印发了《关于全面加强和改进新时代学校美育工作的意见》，指出"美是纯洁道德、丰富精神的重要源泉。美育是审美教育、情操教育、心灵教育，也是丰富想象力和培养创新意识的教育，能提升审美素养、陶冶情操、温润心灵、激发创新创造活力"。美育作为立德树人的重要载体，将其与心理健康教育工作相结合，用艺术滋养学生心灵成长，也是贯彻党的二十大报告"实施科教兴国战略，强化现代化建设人才支撑"的重要使命任务，是新时代发展的需要。上海海洋大学始终关心关爱学生心理健康成长，在学校大学生心理健康研究教育中心指导下，海洋文化与法律学院积极响应，结合学院特色，致力于将美育融入心理健康教育工作，开展二级辅导站建设。

一、工作背景与问题

"忞·惎"美丽心灵辅导站（以下简称"忞·惎"辅导站）于2021年正式挂牌成立，在上海海洋大学心理健康发展中心及海洋文化与法律学院领导的指导下，开展大学生心理健康教育工作。"忞·惎"辅导站

始终关心关切学生成长,聚焦学生关注热点,帮助学生实现调节情绪的心理赋能,致力于为学生营造一个阳光、积极、健康的学习和生活环境,不断提升大学生心理素养,助力学生健康成长。辅导站中,"忞·惪"二字代表着上海海洋大学海洋文化与法律学院对心理健康教育工作的目标和期望。"忞"由"文"和"心"两部分组成,"文"为海洋文化与法律学院,"心"为心理健康教育。从字形释义,"忞"意味着海洋文化与法律学院始终高度关注学生的心理健康发展,从"心"出发,致力于培养全面发展的优秀人才;"惪",内得于己,谓身心所自得也;外得于人,谓惠泽使人得之也,这也代表海洋文化与法律学院对学生自强自勉、不断迈进、勇攀高峰的寄语和希望。

当代的大学生成长在改革开放的美好时代,是充满希望和自由的一代,自由生长也让他们绽放出个性化的性格色彩。学生们的需求和向往千差万别,怎样走进他们的内心,给予他们宣泄和展示的舞台,激发他们自身解决问题和不断成长的内在动力与潜能,是"忞·惪"辅导站的追求。特别是在特殊时期,几乎每个人都或多或少会产生情绪的波动,如何缓解学生心理压力也是"忞·惪"辅导站的工作重点。"忞·惪"辅导站致力于搭建一个心理育人与美育教育结合的工作平台,针对年级特点开展支持性心理健康教育工作,鼓励学生向阳而生、向美而行,形成辐射全校的美育和心育的联合培养模式。

二、具体方法与实践

(一)建立并完善心理骨干团队选拔、管理和培养制度

队伍建设是根本也是保证,不断加强队伍建设,才是团队发挥积极作用的原动力。队伍建设要有成效,制度建设是关键。"忞·惪"辅导站在现有基础之上,完善心理骨干团队的选拔标准,进一步明确心理骨干团队的职责,构建"辅导员—心理委员—宿舍长"三级联络体制,形成心理团队建设全覆盖。

团队专业化是队伍强有力的思想保障。"忞·惪"辅导站定期组织并举办心理委员交流会议,通过案例分析来提升队伍的心理危机预判

力,加强团队心理健康知识的学习,提升团队专业化能力,努力建设一支在学生群体中发挥积极作用的朋辈引领队伍。

(二)开展艺术性表达团体辅导,以美赋能心灵

上海海洋大学海洋文化与法律学院坚持"五育并举",依托现有学科资源,进一步推进心理健康教育与美育教育相结合的工作开展目标,针对同年级中出现的共性问题,通过艺术性表达团体辅导,带领学生走出困境。艺术性表达包括舞蹈、音乐、绘画等,艺术性表达团体辅导是一种自我探索的旅途,通过艺术创作与表达的形式,实现意识层面的心理赋能。例如,绘画能让学生通过颜色的选择与组合来表达自我,带领学生从被动授受发展成为主动参与表达,在朋辈合作、互动过程中,寻求个人成长,以美赋能心灵。

(三)活用新媒体平台,构建"互联网+""心"防线

通过前期调研发现,上海海洋大学海洋文化与法律学院的学生平均每天上网时间在 4 小时以上的人数占比超过一半,而在上网设备的选择上,90%以上的学生都将手机列入其中,且社交媒体使用占据上网使用目的排行榜前列。当前,"00 后"大学生是 Z 世代新青年,他们思

如"果"爱——表达性艺术团体辅导学生作品

维多变,是互联网的主人。在特定背景下,活用学生喜爱使用的新媒体平台,将网络育人与心理育人结合,以网络为载体开展心理育人工作,可谓势在必行。上海海洋大学海洋文化与法律学院打造易班与心理健康融合建设的新平台、新形式,依托易班,开展线上"守护心灵"主题活动,构建"互联网+""心"防线,如组织开展绘画大赛、推送心理自助锦囊包易班帖等,帮助学生共渡难关;同时,邀请心理学教授通过线上会议,举办人际交往专题讲座,借助房树人测试,实现自我探索,进一步扩大心理健康教育工作的覆盖面。

(四) 承办艺术性表达心理大赛,形成辐射全校的美育和心育的联合培养模式

在上海海洋大学大学生心理健康教育研究中心领导下,依据大学生心理健康活动月安排通知,"忑·惪"辅导站承担以艺术表达为主的"美丽心灵"主题绘画海报设计大赛,鼓励学生以阳光心态健康成长,形成辐射全校的美育和心育的联合培养模式。

"拥抱阳光　浸润生命"——上海海洋大学心理健康主题海报设计与绘制大赛作品

三、达成目标与成效

"忑·惪"辅导站通过建立并完善心理骨干团队选拔、管理和培养制度,努力培育一支理论过硬、实践丰富的学生服务团队,构建起与辅导员沟通的桥梁,打通学生与老师之前的沟通壁垒。此外,"忑·惪"辅导站不断加强对学生团队专业能力和危机意识的培养,发挥朋辈互助的效能。

在建立队伍的基础之上,"忞·惪"辅导站积极开拓易班和心理健康共建的工作模式,构建"互联网+""心"防线,进一步扩大心理健康教育工作的影响范围,搭建一个心理育人与美育教育相结合的工作平台,针对年级特点开展支持性心理健康教育工作。通过艺术性表达团体辅导和专题讲座的组织与举办,"忞·惪"辅导站加强学生对心理健康的重视,实现意识层面的心理赋能,激发学生自我探索、自我成长的原动力。在实践方面,"忞·惪"辅导站积极承办心理健康月活动,开展艺术性心理健康比赛,进一步助推学生向阳而生、向美而行,形成辐射全校的美育和心育的联合培养模式。

四、主要经验与启示

教育之本在于立德树人,育人先育心,心理育人一直是新时代高校思想政治教育工作的重要育人要素。作为立德树人的载体,美育在思想政治教育工作中同样具有培养德才兼备的优秀人才的重要价值。美育和心育的联合培养模式将二者有机结合,用艺术与心灵展开对话,为教书育人目标之实现提供了新途径和新思路。

"忞·惪"辅导站自建设以来,受到上海海洋大学海洋文化与法律学院领导的重视,从多维度、多方面提供支持。在上海海洋大学的领导下,"忞·惪"辅导站如火如荼地开展了一系列活动,受到全校学生的关注。新时代的学生具有鲜明的品格,他们对自我内心成长与探索的需求不断提升,"忞·惪"辅导站将继续推进美育和心育融合的探索,不断加强队伍建设,持续为学生提供心理健康教育支持,助力学生健康成长。

突发公共卫生事件背景下学生社区心理育人"三进三出"工作法

2022年,基于特殊情况,高校大学生在校活动空间受限,学生社区成为最大活动单元。大学生正处于心理上由不成熟到成熟的发展阶段,物理空间的束缚和特殊时期的管理要求给学生带来巨大压力,容易引发情绪不稳定、焦虑、抑郁等一系列心理问题,关注和促进特殊时期的大学生心理健康具有重要的现实意义。

一、工作背景与问题

在特殊时期,各高校采取强化管理方式,各条线教职员工、第三方人员交错组成小区管理团队,以学生小区为单元进行网格化管理。由此,学生活动空间缩小至宿舍门厅。这一管理变化给在校大学生带来身体或心理的不适应,并随着时间的延长有加剧之势,主要表现在课业压力、人际关系压力、情绪压力等方面。

(一)课业压力

授课形式的改变、学习方法的调整、网络不稳定等因素,给学生带来课业压力。课程教学由线下转为线上,一些涉及实操的课程缺乏实施条件。与此同时,学生在遇到学业困惑时,囿于线上形式,难以获得及时有效的互动。

（二）人际关系压力

有限空间的长时间相处容易暴露和引发人际关系冲突，学生注意力分散途径受限，一些日常忽略的相处摩擦或成为导火索。同时，产生冲突后，冲突各方又不得不朝夕相处，容易引发焦虑、压抑情绪，如未能及时排解，易衍生更加严重的心理问题。

（三）情绪压力

学生情绪压力的积攒主要是因为，在遇到问题时，社会支持系统难以有效运转，寻求情绪纾解主要通过网络、电话等线上方式，且宿舍区域内的个人隐私难以顾全，因情感、学业等问题衍生而来的情绪困扰难以及时得到疏导。

二、具体方法与实践

在特殊时期，应充分利用学生小区已有的人力物力资源，依托多部门协同的管理团队，构建符合突发公共卫生事件背景的心理育人"三进三出"工作法，引导学生通过合理方式纾解情绪、深化认识，取得心理育人实效。

（一）管理要求听进耳里

管理要求要明确、细致、指令清晰，便于学生理解和执行。同时，既要令行禁止，又要张弛有度，通过各种形式和层面进行多条线传达，建立"楼长—层长—厅长—宿舍长"网格化通讯渠道，确保通知传达和解读的准确性。此外，畅通问题反馈的沟通渠道，以减轻学生心理负担，缓解焦虑情绪。

（二）服务细节看进眼里

饮食配送等日常服务工作要细致入微，实现效度和温度的结合，使学生能够看进眼里，切实感知他人付出，多一些理解与信任。风雨中的饮食保障、每日大量生活垃圾的清理、志愿者衣服上的简笔画和标语等,这些有声无声的细节以潜移默化的方式入眼入心。

(三)人文关怀走进心里

人文关怀既要面向整体,又要关注个别,实现全覆盖及有重点地兼顾。为此,管理团队成员要对小区学生信息分门别类进行熟悉,如身体状况、过敏食物、心理状况等,在线上线下的沟通交流中浸润关爱,并提供心理咨询老师的联系方式,与学生辅导员时刻保持联系,多途径掌握学生动态。

(四)引导学生发出心声

引导学生通过合理的方式与途径表达心声,并给予足够的倾听和接纳。无论是一时间的烦闷苦恼还是不间断的吐槽抱怨,只有在被表达出来后才能更好地对学生加以疏导。为此,可以通过线下设置楼栋留言信箱、线上开设"心灵树洞"、朋辈互助等方式提供发声渠道,并给予及时的反馈。

(五)提供途径输出情感

通过多种形式的活动和途径,为学生提供情感输出的平台,促使其在抒发和表达中有所感悟。例如,开展"亲爱的,我想对你说"云端传信,表达思念与牵挂;举办线上主题音乐会,致敬一线工作者;举办"'纸'为你守护·爱永不凋零"手工叠纸活动,献上祝福与感恩等。通过形式丰富的活动,凝聚力量、传递温暖。

(六)注重宣传突出榜样

注重典型人物事迹的宣传报道,发挥榜样群体的示范引领作用。这类群体既包括校园内外的一线工作者,又包括学生群体中的先进典型。用生动的故事和多样的宣传形式,吸引和感召更多的学生加入先进队伍,在理解责任中主动承担责任,增强信心。

三、经验与成效

（一）上下联动，网格化管理提高沟通效率

通过构建小区内网格化管理架构，形成"区长—楼长—层长—厅长—宿舍长—个人"联动机制，提高学生主动参与管理、自我管理和自我服务意识。此外，通过线上"心灵树洞"等形式，开放信息沟通渠道，并召开学生骨干培训会议，致力于及时发现问题、解决问题，保障小区管理工作平稳有序进行。

（二）多方协同，精细化服务彰显人文关怀

由各学院领导、专任课教师、辅导员、心理健康中心教师、后勤管理人员等组成的小区管理团队，在服务过程中要多方面考虑学生需求，共同形成协同育人合力。此外，管理团队与学生辅导员、学生家长等时刻保持联系，为学生的压力疏导和情绪排解提供更加全面的人际关系支持，在细致入微的日常管理中体现服务育人温度。

（三）双线并行，多样化活动滋养健康心灵

丰富的线上线下活动可以延展学生学习生活的物理空间，同时也能为学生的心灵成长提供更加广阔的平台。可以利用微信公众号、短视频号、直播平台、朋友圈等学生喜闻乐见的形式开展活动、普及心理健康知识、宣传先进典型事迹。同时，合理安排小区内的活动，如主题手工作品展、宿舍健身创意等，丰富在校学生的生活。

突发公共卫生事件背景下，学生社区心理育人"三进三出"工作法聚焦学生心理健康状况，通过疏导结合的方式，有效缓解了学生的情绪压力，同时激发了学生的集体意识、责任意识与感恩意识，对特殊时期的学生成长起到了良好的推动作用。

在沟通与交流中达到师生共同的目标

上海海洋大学海洋文化与法律学院／杨　芮

一、案例介绍

2022 年上半年，为了精准落实各项管理措施，学校制定了相应的预案，其中将部分楼栋作为临时隔离点，需要将本部分楼栋里的同学调整到其他各寝室中。搬迁前的思想建设和总体规划、搬迁时的志愿者招募和矛盾冲突、搬迁后的收尾工作和学生适应等在搬迁工作里出现的种种问题，最后都得到了解决，搬迁工作以圆满完成任务、学生恢复正常学习生活收尾。作为本次任务的亲历者，同时也是组织者、协调者、执行者，上海海洋大学海洋文化与法律学院 2019 级思政辅导员杨芮总结了这次让他颇有收获的经历。

二、案例分析与思考

根据学校的指示要求，全校上下要充分认识当前形势的严峻性和复杂性，不折不扣落实好中央和上级各项决策部署，防止风险向校园延伸。在此背景下，作为学校老师，也就是指示的执行者，需完全领会指示精神，深入思考和谋划，在执行过程中灵活应变，具体问题具体分析，注重指示落实后的反馈与问题解决，始终坚守原则问题。执行的目的应始终不离学校精准落实相关工作的要求。同时,需要考虑到学生脱离熟悉环境或与心理预期有落差的抵触心理,关注他们的态度变化过程,稳定个别容易煽动他人情绪的学生并做好其工作。此外,要了解学生的需求和问题并及时解决,做好保障工作,以取得全体学生的理解、支持与配合。

三、问题的关键点

第一,如何做好搬迁前学生的思想动员工作,以及应对个别学生不理解、不支持、不执行的情况甚至出现矛盾冲突等问题。

第二,如何统筹规划搬迁的整体工作安排。

第三,如何解决搬迁后的收尾工作,引导学生适应新环境。

四、解决思路和实施办法

(一)设身处地,同频共振,深度沟通

对于刚从学生身份转变为辅导员的杨芮来说,此次的任务无疑是艰巨而富有挑战的。时间就是生命,杨芮深知任务的重要程度,一刻也不敢松懈。短暂思考之后,杨芮按计划开展预案"吹风会"工作。

确保学生快速了解指示不是难事,怎样取得他们的理解和支持才是杨芮关心且重视的问题。接到预案通知后,杨芮先让学生自行沟通交流,待到每个宿舍基本有了初步的共识之后,他再次进入宿舍,为大家分析当前的形势,解释了为什么要执行此种方案,解答了学生们的疑问,并设身处地站在学生的角度考虑问题。每位学生得知自己要迁出自己熟悉的环境,进入一个条件未知的陌生环境时,或多或少会出现一些负面情绪,但不同的是,一部分学生发泄情绪后能够理解并支持,而一部分学生发泄完情绪之后还是有所顾虑,一旦搬迁可能还会产生不理解、不支持、不执行的情况。经过 3 个小时的轮番交流沟通,学生们了解了学校实施预案的初衷与目的,基本达到了本次走访宿舍的预期目标。

　　然而,在真正开始搬迁那天,尽管学生对搬迁已经心中有数,但被告知要立马搬迁、带着随身物品离开宿舍后,部分学生还是表现激烈,问为什么学校会选择他们楼栋搬迁。你一言我一语,辩论的范围逐渐扩大,就连平时态度端正、老实本分的学生也附和着发出了质疑的声音,对马上搬走的指示有些抗拒。尽管有了预期,但这样的场面多少让杨芮感到有些招架不住。

　　好在,杨芮很快稳定了情绪。在杨芮看来,同学们着急的时候,自己的情绪不能跟着被点燃,否则只会火上浇油。一同赶来的院领导与杨芮一起,向同学们摆事实、讲道理,从国外到国内、从上海市到临港、从各行各业到各高校,为大家分析当前的形势。老师们不急不躁、耐心温和地解答了学生们的疑问,场面这才被控制下来,有同学当下转变态度,表示可以搬。随后,杨芮又到各个宿舍再次逐个做工作。经过半个小时左右的努力,学生们进一步了解了学校预案的初衷与目的,并形成共识,情绪比较激动的同学思想上也开始有所松动,慢慢认识到了此次宿舍调整的意义。

(二) 共同面对,履行责任,积极执行

　　搬迁过程中,需要借助外力,并且利用团队协作来形成合力,因此要动员和求助其他老师迅速行动。此外,还要及时与新的住宿点联系,对接收同学入住的相关事宜、同学们的新环境适应和宿舍人际关系等进行安排和交代。

　　为了顺利完成任务,学校决定招募和安排学生志愿者,以学生党员、退伍军人、入党积极分子为主要力量,并在短时间内迅速组织负责不同任务的志愿者队伍,其中包括物品整理组、行李搬迁组、机动组,每支志愿者队伍确保有一名党员负责统筹、组织、协调。

　　各项工作安排到位后,杨芮和学生党员带着志愿者准时前往学生宿舍落实搬迁任务。在学校和学院的指导下,大家心往一处想,劲往一处使,拧成一股绳,以共克时艰的决心,积极配合落实工作,绘就了平稳有序的校园图景。

（三）有求必应，暖心关怀，守望相助

对于学生来说，搬入新的宿舍后，需要一个适应过程。搬迁任务的顺利结束对于杨芮来说还不算终点，他考虑到了学生入住新环境会遇到的种种问题。比如，学生会面临新的人际关系，室友发生了很大的变化，与他们打好交道需要费些功夫。此外，学习环境、作息、心理状态等都是学生要逐渐适应和调整的。搬迁到新地方后，大家能否顺利地用水、用电、用网等生活问题，同样需要及时了解、反馈、处理。

通过三轮的宿舍走访发现，绝大多数问题都得到了合理的解决，大家的需求也基本得到了满足。例如，解决网线问题时，由于网络服务公司无法进校，学生网络问题解决不便，杨芮联系相关部门并发动学生一起协助解决问题，确保同学们顺利进行网课学习。得知有同学的床铺腿不够稳固，杨芮及时找了垫子，保障了学生的睡眠质量。之后，杨芮又为同学们送去水果，了解大家的学习、生活、心理等各方面的情况，给予每位学生关心和关注。

五、经验与启示

第一，在收到相关工作任务之后，需要深入思考和谋划，切忌急于求成。

第二，对于学校各项规定和要求要熟记于心，原则问题要原则处理，具体问题要灵活处理。

第三，对于共同诉求和疑问，通过整体进行回应；对于个性要求和问题，逐个答复与解决。

第四，沟通交流过程中，要从整个过程来掌握和洞察学生心理变化的状态。通过细微的变化，了解哪些学生是有情绪但通过自身的认识或者他人的解释能够理解并支持的，哪些学生是有情绪但需要发泄出来才能理解并执行的，哪些学生是需要通过规章制度和各种办法才能执行的，从而分类指导，提高工作效率。

第五，在执行各项任务时，既要保证人员落实到位，又要提出要求和统一标准，注意工作的方式方法；既要让工作保质保量完成，又要让

执行任务的个体感受到自己在工作中的价值。

第六,完成任务不是表面功夫,后续的反馈和影响可能带来的间接问题都是需要关注的内容。做事要考虑整体性,如此才能有头有尾,确保任务的圆满完成。

第七,抓铁有痕,踏石留印。工作要留有痕迹、做好记录、及时总结,便于遇到类似问题时,有经验和方法可以借鉴。

以沙龙为载体，形成师德建设的合力

上海海洋大学党委教师工作部 / 屈琳琳　黄金玲

一、基本情况

　　一直以来，上海海洋大学从战略高度认识教师思政工作的极端重要性。近几年，上海海洋大学着力打造师德沙龙品牌活动，以师德沙龙为抓手和平台，充分调动二级单位的积极性和创造力，整合资源、形成合力，阶段性展示师德建设的成果，不断提高教师育德意识与育德能力，逐步形成师德建设的合力，从严从实抓好师德师风建设。

　　目前，师德沙龙已经成为学校推进师德建设工作的重要平台。通过师德沙龙工作的开展，学校师德建设工作的体制机制进一步完善，师德建设工作得到有效推进，教师的育德意识与育德能力不断得到提升。在师德沙龙的举办过程中，学校也成功培育、发掘了一批师德典范，相关成果被中央及上海主流媒体报道，取得了良好的社会影响。

二、主要做法和成效

（一）统筹规划，有计划开展

　　师德沙龙作为一项长期推进的品牌活动，坚持守正创新，注重对整个活动的统筹规划，确保沙龙活动能够有效贯彻在全年工作中，紧跟时代发展形势和社会热点,始终围绕师德主题,兼顾不同群体教师的特点,分层分类开展有针对性的主题沙龙活动。首先,师德沙龙与教师政治理论学习相结合。党史学习教育、习近平总书记考察中国人民大学重要讲话、习近平总书记给南京大学留学归国青年学者的回信等,都在师德沙龙中有所体现,广大教师在沙龙中交流学习感受和成果,深入开展政治理论学习,并提高学习效果。其次,师德沙龙与学校节点工作相结合。在教师思想状况调研、新教工培训、开学季、教师节、年终总结等工作中,师德沙龙都结合相应主题有序开展,与阶段性工作有效呼应。例如,2021 年 9 月,学校以沙龙形式组织全体新进教工开展主题师德教育,深入学习贯彻习近平总书记给全国高校黄大年式教师团队回信精神,并邀请首批全国高校黄大年式教师团队、上海海洋大学远洋渔业国际履约团队成员朱国平教授进行主题交流,在新教工中产生热烈反响,起到良好的教育作用。最后,师德沙龙与学校建设发展中的重要工作相结合。在学校承办全球水产养殖大会等重要工作中,师德沙龙适时举办。2022 年 4 月 5 日,学校以线上线下相结合的形式举办"齐守护·同经历·共成长"主题师德沙龙,集中展示学校教师以德立身、以德立学、以德施教、以德育德的担当与精神,在新时代新征程中彰显"双一流"高校的责任和担当,用实际行动迎接党的二十大的胜利召开,献礼 110 周年校庆。

(二)形成机制,有组织进行

着眼于增强工作实效,师德沙龙本着"不虚化、不折腾、不游离"的"三不"原则,充分调动资源、加强联动,探索形成有力有效的运行机制,激发基层组织的积极性和主动性,形成教师工作部各项工作的合力,使师德沙龙成为学校教师思想碰撞、经验分享、感悟交流的精神家园,成为学校师德建设的推进器和记录表。在实际操作过程中,注重扎实有效开展工作,形成沙龙运行机制,教师工作部把控工作节奏,前期充分沟通、中期参与把控、后期跟进完善,沙龙已经形成比较成熟的工作运行流程和机制,同时在与各二级单位的工作磨合中形成了比较成熟的相互呼应的工作格局;注重发挥二级单位主观能动性,形成"学校统筹、学院承办、校院合力、各显其能"的工作模式，充分调动学院的主动性，发掘一线特色和优势资源，同时加强二级单位之间的沟通交流，形成各具特色、你方唱罢我登场的良好氛围；注重部门联动，形成协同推进工作机制，教师工作部与教务处、科学技术处、宣传部、工会等部门形成畅通的工作沟通会商机制，与教务处联合举办的课程思政主题沙龙、与工会联合举办的"我与校领导面对面"主题沙龙等均取得了良好的效果。

（三）着力选树，有成效体现

结合师德建设工作的统筹推进，师德沙龙在开展过程中，注重发挥优秀典型的示范引领作用，着眼对师德建设典型的孵化培育、选树宣传，良好师德师风在潜移默化中成为一种文化、一种习惯、一种气质，浸润人心、传之久远。首先，着眼于创新做法的交流。对于二级单位有创造性、有新意的工作方法等，师德沙龙会以主题形式进行展示。例如，2020年线上教学开始后，上海海洋大学工程学院组织教师开展了"我的开讲词"活动，简短生动、风格各异的开讲词不仅成为一个个教师形象的缩影，也成为师生沟通的桥梁。在这一活动第三次开展之际，教师工作部协同工程学院共同组织了"师德开讲了：我的开讲词"师德沙龙，在全校引起广泛的反响，相关成果也被媒体报道。其次，着眼于典型成果的展示。师德沙龙会对全校范围内师德建设的成果进行交流展示。例如，上海海洋大学水产与生命学院在2019年入选上海市课程思政领航学院，教师工作部与学院沟通，组织了以"立德树人、教育留痕"为主题的师德沙龙，邀请学院课程思政优秀教师分享课程思政建设心得。"普通动物学"课程教师团队将专业课教学与诗词相结合，把素质教育融入专业教学，全方位调动学生的积极性和主动性。最后，着眼于优秀人物的发掘。在师德沙龙中，一批优秀的师德标兵涌现出来。例如，上海海洋大学海洋生态与环境学院的高春梅老师让生病的学生在自家居住，40多天悉心照顾，被称为"神仙导师"，其相关事迹被《人民日报》《光明日报》《中国青年报》等中央及地方媒体竞相报道。

三、经验启示

(一)虚事实作

师德建设工作是教师思想政治工作的重要内容,是对教师的思想意识、精神状态和行为习惯等方面实施正面影响的工作。因为实施影响的标的是无形的、抽象的,所以师德建设工作的特点也往往是务虚多、说教多。但是,新形势下,教师的思想观念和行为方式正随着时代节奏的变化而波动,这就要求我们必须重新审视教育对象,思忖新的环境,必须要把这无形的、务虚的工作实在化、具体化。师德沙龙把师德建设工作进行了解剖、细化,按照时间节点、工作推进的顺序,将工作分解在每一次具体的沙龙活动当中,大大推动了工作的有效进行。

(二)统筹+协同

师德建设工作涉及面广、涉及对象众多,每项工作的有效推进并不是孤立的。有影响力的品牌活动的举办将会系统性地带动各项工作齐头并进开展,这不仅仅是教师工作部内部条线工作的联动,更是部门与学院、部门与部门、学院与学院之间的协同推进、联动合作。因此,在活动的设计和推动过程中,最大限度地落实各自的责任以有序统筹推进,就显得尤其重要。

服务育人

关心入微，人文关怀促就业

上海海洋大学海洋文化与法律学院／陆　烨

一、基本情况介绍

教育部公布的数据显示,2022届高校毕业生总规模预计突破1000万人,同比增加167万人,再创历史新高。同时,用人单位岗位需求大幅度减少,给毕业生求职带来了严峻的考验,"慢就业"现象突出。受突发公共卫生事件影响,多地推迟了公务员与事业单位的考试时间,计划被打断,让充分准备的同学承受了又一重的压力,就业成了摆在上海海洋大学海洋文化与法律学院毕业生面前的第一道关卡。毕业的伤感和未来的未知交织在一起,每一位同学都怀着十分复杂的心情。在这样的状态下,学院的老师们在人文关怀方面狠下功夫,成了站在学生背后的人。

二、思路与实践

（一）在校期的个性服务

流行病学调查和病毒防控管理要求无形间给就业增加了不小的复杂度,材料的完善与对接、个性化的就业指导与推荐需要大量时间和人力来推进。上海海洋大学海洋文化与法律学院的老师想尽一切办法,为学生们提供细致到位的就业服务。作为毕业班的辅导员,陆烨老师一边配合流行病学调查,一边始终将同学们的未来发展放心头,关心他们的毕业动向,为暂无着落的学生提供个性化帮助。陆烨老师通过线上一对一联系,开展了云简历修改、面试技巧培训、就业岗位推荐等促就业工作,有效帮同学认清了形式、提升了竞争力。学校实行分区、分类管理后,陆烨老师及时调整措施,采用线上线下相结合的方式,在严格落实管理要求的前提下,隔一段时间就请学生至小区大厅,针对地域、学生性格特征、就业意向等情况开展更加细致的就业指导,帮助同学们找到理想的工作单位。老师们持续关注学生的就业状态,悉心帮助同学们准备政审等相关就业材料,即便到了暑期,就业工作也在持续推进。

(二)送别时的别样仪式

面对特殊毕业季,上海海洋大学海洋文化与法律学院的老师们坚持全程陪伴,将育人工作落在实处,为这段难忘的时光画上一个圆满的句号。毕业生返乡期间,学院的老师们拿出休息时间,不分日夜,掐着时间送别同学,一路上有说不完的叮嘱和交代。老师们嘱托毕业生用大学期间的知识积淀为社会作贡献;党委副书记李志强老师在审核学生离校申请时,勉励同学们不忘终身学习,全面提升自己,做一个对岗位有用的人,母校永远为他们敞开,欢迎大家常回家看看,多做交流。一段段真情流露的文字,体现了学院对同学的关怀,让同学们感受到了学院的温度,并将其化作源源不断的动力,迎接人生全新的挑战。

(三)返乡后的暖心联络

距离割不断情谊,同学们纷纷归乡后,还经常在线上和老师们互动,共话师生情。2022 年 6 月,为了解除同学们的后顾之忧,学院行李的打包和寄送工作正如火如荼地进行,但学生人数多、行李沉、件数多且杂,使得这项工作开展起来并不容易。学院在校老师逐一和同学们打视频电话,一一确认物品并装箱打包,共计完成 600 余件行李的打包与确认,获得了同学们的一致好评和感谢。

"让我在海大的校园走一走……"2022 年 6 月 11 日晚上,学院面向全体毕业生开展了线上 k 歌活动,50 多位同学相聚云端,一展歌喉,许多平常不显山露水的同学一开嗓就惊艳全场。唐议院长一首海大版的《成都》引得现场鲜花阵阵、掌声连连。一场歌会帮助同学们赓续同窗情，使他们更加了解彼此。毕业典礼上，唐议院长精心挑选了给毕业生的礼物——景泰蓝"淞航号"摆件，在众多礼物里独树一帜，他希望这一届特殊的毕业生能够乘风破浪、扬帆起航。除此之外，学院还为每一位毕业生准备了海大文创的帆布袋，海大元素满满，饱含学院的一片心意。

（四）毕业后的持续加持

2022 年，全国多地考公、考编推迟，不少学生毕业后仍然在准备公务员和事业单位的考试。学院老师全程陪伴、持续加持，暑期也没有放松对同学们的关心和支持。学院召开了十余次就业推进会议，细致了解每一位尚未落实就业学生的具体状态、困难和进展，通过提供备考策略、介绍优秀校友经验、提供一手就业信息等方式，多方努力，共同推进学生发展。

2022 年 6 月中下旬，上海各个区陆续推出社区工作者招聘简章。2022 年 6 月 28 日，上海发布了最新落户政策。学校第一时间组织开展政策解读，学院也将相关信息传递给专业老师，多重渠道宣传相关信息，最大限度提高同学们对社区工作者及最新落户政策的了解，帮助有需要的同学以最充分的准备积极应对。

特殊的毕业季，最难的就业季，上海海洋大学海洋文化与法律学院牢记立德树人使命，抓住每个用心用情服务、教育的细节，落实、落细育人宗旨，在帮助毕业生满怀感恩和希望地迎接新的挑战方面发挥了重要作用。

三、育人与成效

在学院的温馨关怀及辅导员的细致服务下，上海海洋大学海洋文化与法律学院的毕业生离校工作顺利进行，全体毕业生安全有序地回到了家乡，他们发来微信、邮件，表达着对母校的感恩与不舍，更加振奋了直面挑战的决心和勇气。截至 2022 年 8 月下旬,已经有多名学生顺利通过公务员考试,进入公示,处于拟录取状态;也有一些学生成功被录取为社区工作者;还有不少学生找到了心仪的岗位,迈入人生的新阶段。学院暖心陪伴,全程助力学生发展的事迹,也被上海电视台"谢谢您,我的老师"栏目、教育信息速报"疫散情坚,上海海洋大学毕业季别样'致青春'"等媒体报道。

四、经验与启示

2022 年上半年,上海遭遇的突发公共卫生事件既是对上海城市治理能力的挑战,也是对学校管理能力的一次考验。在学校的统一部署下,学院本着以人为本的理念,将学生的安全、健康放在首位,全体辅导员投入到流行病学调查与病毒防控的大考中,以校为家,线上线下悉心照顾学生。直播带岗推送优秀毕业生,简历云修改提升毕业生应聘能力,温馨守候护送毕业生,暖心联络牵挂毕业生,点点滴滴汇聚成对学生的关爱与期待,也成为学生感恩母校、学会成长的撬点。在此次大考中,学校的管理理念、管理能力得到了学生的肯定,也为学校、学院未来的发展积淀了宝贵的经验。

以劳促心 · 助力成长
——大学生劳动教育实施案例

上海海洋大学食品学院／郝　洁

一、案例背景

流行病学调查和病毒防控管理期间,为号召全体在校学生进行义务劳动,引导学生辛勤劳动、诚实劳动、创造性劳动,用健康的身体和良好的心态面对特殊情况,上海海洋大学制定了"志愿·奉献·劳动"主题教育活动方案。在此背景下,各学院结合自身实际,制定了学院"包片到班"方案,具体以班级为单位执行。面对这一活动安排,学生群体中出现了各种声音,其中不乏"免费劳动力""形式主义"这样的偏见理解,部分学生通过微博、朋友圈等形式发表不理智言论,背离活动初衷。

因而,如何让学生认识到劳动教育的意义,在活动过程中能够积极参与,在参与过后有所收获,实现劳动教育从形式到行动再到心灵成长的教育意义,需要组织者根据实际情况来思考设计。

二、具体方法与实践

(一) 把握主旨精神,细化活动安排

辅导员收到部门通知后,及时进行解读和细化,在落实和执行的基础上,根据班级情况进行针对性设计。一方面,预设通知下发后可能存

在的问题和学生反应,以便在第一时间迅速给出反馈。可召集班团骨干,收集如清洁频率、是否有劳动工具、班级有同学不愿参加怎么办等共性问题,发挥班干部的主观能动性,通过讨论来共同寻找解决问题的途径。另一方面,对本次活动内容和形式进行讨论,在基本要求的基础上融入新思考,如小组分工分区、未在校同学的参与形式等,增强对活动细节的把控。

(二)召开班级会议,引导学生认知

在班会中下发通知,及时解读活动要求,引导学生认识劳动教育的意义。前期讨论中,已了解部分学生对活动产生抵触情绪的原因,或是惰性使然,或是校园主人翁意识欠缺,或是担心时间安排不合理,或是主观认为操作烦琐等。对于上述问题,在会议中针对性地予以疏导,现场进行答疑解惑,回应在活动过程中可能存在的困难及解决措施,提供必要的劳动工具,为劳动教育的顺利开展作好思想准备和条件保障。

(三)发挥榜样作用,增强集体意识

号召各类师生群体亮明身份,在行动上做好示范引领。组织好劳动教育的启动仪式,增强学生的仪式感和集体意识,提高学生对活动的重视程度和责任感。作为活动组织者之一的辅导员也积极参与到劳动过程中,身先垂范、以身作则,在实践中与学生们凝心聚力、增进交流。同时,发挥班团骨干、学生党员的模范带头作用,依靠朋辈力量,营造良好的集体劳动氛围。

(四)增强活动趣味,丰富劳动形式

除了清洁杂物、捡拾垃圾等常规项目外,还可以发掘活动中的其他趣味元素来增强吸引力,如辨认花草、拍摄最美劳动照、劳动成果大比拼等,激发学生的主动性和积极性、创造性。活动延伸到宿舍区域的清洁整理,开展"洁·丽·雅"宿舍评比,通过线上投票形式来激发学生参与热情,推动"校园大家"和"寝室小家"的同步清洁。此外,通过采访校内保洁人员,进一步了解他们的日常工作和困扰,让学生切身感受劳动

者的不易。

（五）注重互动反馈，做好总结宣传

活动的开展有始有终，及时获取学生反馈，进行经验总结和舆论宣传。本次劳动教育开始前、过程中、结束后都与学生进行了有效的沟通交流，通过班级学生撰写班级劳动日志的形式进行留念和宣传展示，增强学生的参与感、集体荣誉感，扩大活动影响力。校园角落会有杂草，心灵成长过程亦会有荒芜，及时修剪、拔除，校园环境才能更美，心灵才会更加澄澈健康。

三、达成目标与成效

通过此次劳动教育，班级学生完成了清洁校园的任务安排，增强了环保意识、劳动意识，提升了校园主人翁意识，未产生负面舆论；提升了班干部的组织管理能力，强化了责任意识，发挥了良好的榜样示范作用；增进了老师与学生的交流，增强了班集体内部的凝聚力；利用网络媒介扩大了活动的影响力，收到学生家长的好评与点赞。

四、主要经验与启示

（一）换位思考，解决思想问题与解决实际问题相结合

面对各式各样的主题教育，仅仅通过下发通知、召开班会等形式来进行言语教育，效果并不理想。在方案实施过程中，要站在学生角度，辨析学生思想倦怠的关键因素，对症下药、打消顾虑。在劳动教育中，学生接到通知后感到烦琐、形式主义，究其原因是没有理清活动流程，思想上存在惰性。通过预设困难、分解任务、丰富形式进行思想引导，可以纠正学生的认知偏见。

（二）管理育人，抓好学生骨干队伍建设

各类主题教育既是对全体学生的思想引导，也是提升学生骨干组

织管理能力的良好契机。在活动中,要注重发挥学生干部的主观能动性,促使其由单纯的通知执行者转向班级管理者、协调者,在班级工作中多思考、多反思,积累班级管理经验。同时,发挥学生骨干和党员的榜样示范作用,在活动实施、舆论引导方面发挥积极作用,营造良好的班级氛围,从而提升主题教育效果。

（三）强化互动,善用媒介巩固教育成效

主题教育的实施过程不是自上而下的单向对话,而是要实现师生互动、生生互动乃至多主体联动交流,利用各种形式的符号要素,如统一的着装、活动的标志等,强化教育效果。在教育过程中,始终保持与学生群体的双向沟通,及时给予反馈与指导,让学生有切实的参与感与获得感。利用好网络媒介,引导学生自我管理、自我服务,在网络平台积极发声,扩大活动影响力。

组织育人

育人建在第一线　当好学生贴心人

上海海洋大学党委组织部 / 马红丽

一、工作背景

在上海海洋大学于 2022 年 3 月 13 日强化管理之后,学校党委全面落实党员干部到岗值班制度,组建了 16 个由党员干部、专职教师、学工队伍、后勤保障人员等组成的应急小组。为全面贯彻落实上级的部署要求,做好上海海洋大学强化管理期间的工作,充分发挥基层党组织战斗堡垒和党员先锋模范作用,上海海洋大学党委快速反应,成立了16 个学生社区临时党支部,把党旗插在第一线,构建了组织一次主题党日、建成两支队伍、勇担三项职责、发挥四项功能的工作机制,确保党员干部工作在一线,先锋作用发挥在一线,以党员的模范作用带动广大青年学生参与进来,逐步形成师生"思想上同信、理论上同学、组织上同在、文化上同研、实践上同行、制度上同讲"的良好态势,塑造了党建引领下的高质量"三全育人"新格局,为学校管理工作提供了坚强的组织保障。

二、主要做法

(一)组织一次活动,筑牢战斗堡垒

一是树立一面旗。根据上海海洋大学党委统一部署,在校驻守党

员干部、师生党员陆续组建了16个学生社区临时党支部,涵盖师生党员2000余名,确保"工作的关键在哪里,党支部就建到哪里,党员就冲锋到哪里",把战斗堡垒筑在最前沿。二是凝聚一条心。开展"四个一"主题党日活动,即悬挂一面党旗、佩戴一枚党徽、开展一次重温入党誓词、组织一次集体学习,进一步鼓舞士气、提升战斗力,不断坚定信心和决心。三是织密一张网。根据"组织建在楼层上,党员融入群众中"的原则,按照楼层设立临时党小组,进一步完善"临时党支部 + 楼层党小组组长 + 宿舍舍长"闭环式信息收集和工作联动机制,努力构筑"幢幢有组织,层层有旗帜"的组织体系,形成合力。

(二)建成两支队伍,用好先锋力量

一是组建先锋队。先锋队由260余名驻校党员领导干部和党员教师组成。每当食堂人手不足,为保障学生能尽早用餐,党员教师摇身变成送餐员,想方设法搭建移动送餐棚,将三餐准时送达学生宿舍。强化管理期间,学生无法外出采购生活物资,党员教师化身配送员,帮助学生代购日用品、饮用水、药物等。二是组建服务队。服务队由辅导员、学生党员、共青团干部组成,学生骨干们发挥学业互助、心理帮扶作用,做好线上学习的领头羊,争做志愿者。辅导员更是成为多面手,结合学风建设、学业帮扶、心理辅导等活动,急学生所急,当好就业的铺路石,引导学生树立正确的就业观念,做好职业生涯规划。

(三)勇担三项职责,彰显组织优势

一是承担政治引领职责,及时组织学习中央、市委、市政府、市教卫工作党委部署和学校工作要求,严格执行"三会一课"制度,开展主题党日活动,让党的声音传达到最前沿,确保各项工作部署不折不扣落实到位。二是承担思想引导职责,通过多种形式来广泛宣传知识和政策,深入学生宿舍了解学生的思想动态及学习生活情况,积极做好学生的心理疏导,传播正能量,让一线的党员群众切实感受到党组织的关怀和温暖。三是承担服务保障职责,注重发挥临时党支部的红色堡垒作用,成为一线工作的主心骨,支部驻守教师党员24小时在岗在位,及时处理

学生社区各种急事、难事和要紧事,结合实际搭建学生闭环管理平台,全面做好学生社区后勤服务保障工作,构筑群防群治的严密防线。

(四)发挥四项功能,凝聚学生合力

一是打造阵地,发挥学生自我服务功能。通过制作"党员服务阵地,有事请找我"标贴,推动党员亮身份、亮职责、亮承诺。面向广大学生党员、预备党员、入党积极分子发出招募令,号召大家结合自身特长,投身志愿服务,共同成为学生社区管理工作的好帮手、物资保障的搬运工、楼道安全的守护人。二是创新活动,发挥学生自我教育功能。鼓励学生通过视频、绘画、海报等多种形式积极参与,带头宣传和点赞身边好人好事,如通过云端音乐会的形式将正能量传递给社区的每一个学生,号召大家众志成城,一起加油。三是适当引导,发挥学生自我疏导功能。支部与后勤部门联动,花样百出地丰富学生们的生活,推出美食盲盒来缓解学生们的心理压力。四是搭建平台,发挥学生自我管理功能。组织学生线上参加临港地区专场、中西部地区乡村振兴就业毕业生专场、少数民族大学生专场等专场招聘会,打通就业的"最后一公里"。党员教师们的付出也受到了学生们的认可,收到了多封致谢信。

三、主要成效

(一)发挥组织优势,提升基层党组织战斗力

通过建立临时党支部,将党组织关系原本不在一起的党员充分凝聚在一个支部,共同学习、生活和工作,带领党员及群众由"分散作战"转为"集中作战",把师生党员们凝聚起来,使党员的力量充分发挥出来,增强了师生党员的决心和信心。通过对组建临时党支部经验做法的总结和凝练,多形式、多渠道进行宣传展示,"上海基层党建网""上海教卫党建网"等对相关经验做法进行了报道,发挥好示范引领、辐射带动作用,实现团结鼓劲、凝心聚力的效果。

（二）创新组织设置，提升基层党组织号召力

成立临时党支部，是对在学生社区建立特设党支部的有益探索与尝试，充分发挥了学生党员、入党积极分子在学生社区环境、学生宿舍卫生、学生就寝环境等方面的先锋模范作用，增强学生党员的主人翁意识和责任感，不断织密群防群控防护网。

（三）加强思想引领，提升基层党组织组织力

通过线上和线下形式开展"三会一课"，因地制宜地加强党组织的思想引领，将党组织优势延伸到学生社区治理的"神经末梢"。教师党员们舍小家顾大家，彰显了党员本色，用实际行动为入党积极分子上好了现场教学的第一课，夯实了他们的思想根基，有助于为基层党组织培养素质过硬的"后备军"，使党支部的组织力切实得到增强。

四、经验启示

（一）做好基层党组织的组织育人顶层设计

高校党委要加强党组织的组织育人顶层设计，强化组织育人的逐级落实，必须坚持党建工作的全线推进与层层深入，不仅要从学校发展的宏观层面树立党组织的组织育人工作理念，落实与推进党对教育事业的全面领导，更要从基层建设的微观层面做好党组织的组织育人任务分解，探索党组织的组织育人具体模式，指导和监督各级基层党组织发挥好思想政治引领作用。

（二）健全以党组织建设推进育人协同联动的机制

基层党组织的组织育人实效性，不仅体现在党组织自身建设的加强与育人职能的强化上，更体现在基层党组织引领协同育人，指导与组织基层党组织发挥自身工作中的隐性育人功能上。要充分发挥基层党组织的政治引领功能，积极构建"党建＋"工作格局，深入推进党组织育人与其他育人环节的协同联动，将党建工作与中心工作结合，形成育人合力。

（三）将党的组织和党的工作向协同育人延伸

实施支部设置创新计划，探索以学科团队、创新创业团队、社会实践队等为基础设置临时党支部，紧紧围绕落实立德树人根本任务，充分发挥各级党组织和党员骨干作用，把党的组织建设与教育引领结合起来，打基础、做服务、树品牌、争优先，把党的组织建设与教育引领结合起来，将党的组织优势转化为育人优势，努力打造党组织育人"立交桥"，为党育人、为国育才，致力于取得实效。

发挥学生党员"四自"功能，做好发展党员守门员

上海海洋大学经济管理学院／张　闻

一、项目简介

上海海洋大学经济管理学院党建工作室是在学校与学院党委的领导下，以服务师生为宗旨，以培养锻炼学生党员为使命的院级学生组织，下设综合事务部、新闻宣传部、组织培养部、发展工作部和实践活动部五个部门。

上海海洋大学经济管理学院党建工作室协助配合学院党委和各党支部做好发展党员、党员教育培养、党员管理、党员服务和监督指导等一系列相关工作；同时，搭建加强学生党员再教育的平台，引导党员在参与中发挥作用，在服务中实现价值，促进学生党员的不断进步与发展。

在五个部门中，发展工作部主要负责学生党员发展材料的审核工作。上海海洋大学经济管理学院党委从学生中选拔政治素质好、有党建工作能力且耐心细心的学生党员，全面负责学生党员发展材料的审核工作，夯实基础管理，提升发展质量，提高业务水平，促进流程标准化、监督途径多元化、工作管理体系化。发展工作部充分发挥学生党员"四自"功能的主体性作用，严格程序来确保发展党员材料的完整性、准确性和规范性，提高发展党员工作质量，做好发展党员守门员。

二、主要做法

(一) 自我培养,练就火眼金睛

发展党员的材料审核是一个时间周期长、工作重复性强的工作,看似简单,实则要求极高,每一份材料都需要细心严谨地对待。对于材料中的内容,学生党员需逐字逐句阅读、核对,对其中"显性"或"隐性"的问题逐一甄别。整个材料审核工作的开展,包含岗前培训、岗中带教、岗后传承三个阶段。岗前培训,即选拔至发展工作部的学生党员在正式开展工作前,需经过统一的发展党员材料审核培训,深入了解党员发展的流程、规范要求,明确材料审核重点。经过培训,在开展工作的过程中,学生党员主要以岗中带教推进工作,以老带新共同开展审核指导,在实战中进行更为细致的审核,梳理时间的逻辑、内容填写的规范、阶段材料的完整等。经验丰富的老部员以基础问题清单为底,对新部员进行培训引导,传授在材料中甄别这些问题的经验。新部员通过大量材料的审阅,慢慢练就一双火眼金睛,捕捉错误目标能够精准到位,同时也在审核的过程中培养细心严谨的品质,提高业务工作的能力,坚定理想信念。鉴于学生的流动性,部门在换届时,除常规的材料交接和工作总结外,还会进行经验分享,将好的经验做法留下来,不断提高党员发展材料的质量。

(二) 自我教育,提升党性修养

材料审核的基础问题清单中涵盖两种常见问题,"显性"问题特征鲜明,较易发现,新部员随着审核材料数量的积累,会变得越发熟练,对"显性"问题可以说是一抓一个准;"隐性"问题偏重于思想逻辑方面,这对审核人员的理论知识储备提出了较高的要求,审核人员需不断强化自身对党的思想理论的学习,同时还要非常关注党和国家的时事新闻,对党的发展历史过程中的各重要时间节点和事件要烂熟于心。对党理论知识的强化学习与深入理解的过程,能够让学生党员更加自觉地在思想上、政治上同党中央保持一致,始终把党的事业放在最重要的位置;有助于坚定共产主义理想信念,自觉抵制腐朽思想的侵蚀,做艰苦奋斗、反腐倡廉的表率;有助于区分大是大非问题,关键时刻不迷失方向,提高政治鉴别力和政治敏锐性,从而在错综复杂的环境中明辨是非,避免政治上的迷茫与思想上的盲目。审核人员主动加强理论学习,切实提升了学生党员的党性修养。

(三)自我管理,发挥模范作用

让学生党员自主参与材料审核工作,通过让学生党员直观深入了解发展党员全过程,鼓励学生党员参与党建工作的管理,从实际操作中改进工作方法,培养提升学生党员的管理能力。同时,学生党员主动担负起发展党员的材料审核工作,以实际行动自觉践行"全心全意为人民服务"的宗旨,充分发挥党员的先锋模范带头作用。

(四)自我服务,保障材料规范

发展党员的材料审核工作是发展党员的重要步骤,也是保证新党员质量的重要环节。发展工作部通过大量调研来总结经验,建立了五级审核制度,一审由被发展人自己完成,二审由培养联系人完成,三审由支部书记或支部组织委员完成,四审由发展工作部审核完成,五审由学院党委完成。五级审核制度有效地保障了每份材料的完整性、准确性和规范性。

材料审核是成功发展一名党员的重要一环,要做到细致入微查"显性"问题,咬文嚼字查"隐性"问题,严格把控材料的准确性,这也是对每一位党员自身党性的磨砺。

三、主要成效

(一)工作流程规范化

发展工作部的部员随着材料审核的不断深入,对党员发展的流程更加熟悉。通过梳理审核流程,部员编制出党员发展材料审核流程图,明确每个环节的关键点,大大提高了工作效率,进一步确保了工作职责的有效落实。

(二)监督途径多元化

在发展党员过程中,通过发展工作部的介入,将发展党员的监督人员从支部党员扩展到全体党员,增强了党组织工作的透明度,拓宽了监督范围,丰富了监督方式。

(三)工作管理体系化

五级审核制度使职责落实到人,层层递进,推动发展党员材料审核工作更加系统化。

全面落实学生党员成长积分制，做好党员过程化管理

上海海洋大学信息学院 / 裴丽娜

一、案例背景

上海海洋大学信息学院党委为使学生能够打破党员教育课堂在空间、时间、地域上的限制，促进学生党员在党支部、学生组织、班团组织、专业实验室、校外实践等各方面充分发挥党员先锋示范作用，全面落实适应学生党员成长的积分制，推进党员过程化管理。

二、主要做法

上海海洋大学信息学院创建党员成长积分制，从纪律品行、理论学习、社会实践、先锋模范 4 个维度综合记录，积分量化显示党员成长轨迹，引领学生求实创新、专业发展、服务社会，各年评议无不合格党员，主要由"基础项目""提升项目""弹性项目""负面清单"4 个板块构成。基础项目包含"纪律分""品行分""素养分"，在学生没有充分行使自己"学习"和"发展"的权利时，也仅能获得基础项目分值。"提升项目"围绕"理论学习""社会实践""先锋模范"3 个维度设计，涵盖"三会一课""在线学习""志愿服务""课外实习""科创竞赛""发表文章"等积分项目，作为党员行使权利的累计积分。"弹性项目"是为保护学生党员积

极性而设置，因特殊原因失分，但学生自主进行理论学习和社会实践的，可适量给予积分激励。"负面清单"主要考察学生党员遵纪守法、校内表现、学习学业等现实情况。学生党员成长积分制度通过各基层党支部推进落实，在党员民主评议中发挥重要作用。

强化课程育人基石，整合资源、多元互进，筑牢学思践悟学习平台。上海海洋大学信息学院重视学生党员本身作为学生的身份，强化党支部作为学生思想理论知识补充的第二课堂之作用。为促进学生主动求索线上教育资源，发挥易班课程学习与资源共享功能，引领学生课上课下提升专业水平，互通交流、互助学习、融会贯通，建立"共信讲堂"学生工作课群，融合上海海洋大学信息学院党、团、学、易班等各项学生工作思政教育内容，搭建学生党员理论学习课程体系，围绕理论学习、党章党规、榜样引领等单元的 40 余门课程，开展党员线上教育，充分发挥易班优课的资源作用。支部党员 100％参加学习，全部通过国情校史知识竞赛、"四史"学习、《习近平谈治国理政》、垃圾分类等在线测试。

强化组织育人基石，凝聚力量、纵向深入，巩固基层组织思想阵地。上海海洋大学信息学院党委重视党员政治素质的锤炼与提升，将基层青年学生的思政教育工作与专业知识学习结合，拓展学生学习阵地，将党员与积极分子教育管理作为基层工作重点。党支部内的队伍建设能力不断提升，培养出校团委学生骨干、学院团学骨干、校院易班工作站骨干及多名班级骨干。支部通过凝聚学生骨干力量，纵向深入到学生群体之中，助力上海海洋大学信息学院"三全育人"工作取得实效，如展示党员志愿者先进事迹 6 例、开展学习"习近平总书记给援鄂 90 后回信"等主题党日活动 7 场等，不断坚定支部学生党员"两个维护"与"四个自信"。

强化实践育人基石，躬身实践、服务师生，推进学生知行合一思想意识。上海海洋大学信息学院坚持理论学习与社会实践同步推进，学思结合，推动习近平新时代中国特色社会主义思想走深走实。在特殊时期，学生党员全部加入各类志愿服务活动和捐赠活动，积极履行党员责任，冲锋在前、带头奉献，参与管理工作，希望以自己的志愿服务践行自己的初心使命，以实际行动贡献力量。新学期开学之际，全体党员积极参加一对一志愿服务活动,帮助新生顺利平安入学,并全员参与"党心暖我心"走入学生宿舍实践活动,为新生答疑解惑,以实际行动为同学们开展入党教育。

强化文化育人基石,扎牢根脉、传承发展,引领新时代青年坚定理想信念。上海海洋大学信息学院围绕立德树人根本任务,注重持续开发用好红色资源,培育学生党员报党报国、薪火相传的光荣品格,教育激励青年学子坚定理想信念,传承发展党员的红色基因。学生在理论学习、科创实践、专业技能等方面分组制作微课内容,发布"党建历史故事""新时代长征路""大学生创新创业实践项目介绍"等微课 20 余门,在服务师生、引领师生方面发挥了积极作用。在"守护你我,爱满天下"上海高校师生主题网络文化原创作品征集活动中,党员积极宣传引领,创作音频作品《守护你我》《天将明》,以及书画作品《待到樱花烂漫》《钢铁白衣》等。党员积极参加易班网络文化节,学生党员何英杰创作音频作品《大漠里的胡杨》,获得第五届全国大学生网络文化节二等奖;学生党员张旭辉创作《专业漫画》,获得第三届全国大学生网络文化节三等奖。

三、工作实效

一是思想引领见成效,队伍建设强根基。上海海洋大学信息学院党委围绕党史学习教育策划"鼎新计划"系列活动,通过主题党日、主题团日、主题班会、志愿服务活动、网络思政活动等,组建"共信讲堂"宣讲团,推进思想政治教育工作向学生深入。支部依托"鼎新计划"落实积分制,培养出校团委学生骨干、学院团学骨干、校院易班工作站骨干及多名班级骨干,为推动思政教育由点带面打下坚实基础。

二是红色基因心相传,党性修养时常显。在积分制的引领促进下,党员、积极分子在志愿服务中冲锋在前,党员、预备党员纷纷争做志愿者,往返临港与曹家渡党群服务中心为居民服务;全体党员积极参加迎新季志愿者服务活动,帮助新生顺利平安入学;全员参与"党心暖我心"走入学生宿舍实践活动,为新生答疑解惑,认真开展入党教育。上海海洋大学信息学院党支部加强了政治建设和组织建设，以多种形式对党员和积极分子进行思想政治教育，把党支部同样作为育人育才的基层阵地，不断增强基层学生支部的战斗堡垒作用。

三是先锋模范频涌现，星火燎原甘奉献。微课"指导思想　百年演进"入选教卫党委建党百年打卡展示，微课"新民主主义革命"的 B 站浏览量达到 3200 余人次。上海海洋大学信息学院党支部实施"雏鹰计划"，培养"雏鹰之星"，多名学生获发明专利，1 人发表 EI 论文，4 人发表 SCI 论文，多人在各项赛事中取得佳绩。

论文

课程思政在高校"花卉欣赏"通识课中的改革探索

上海海洋大学食品学院 / 蓝蔚青　谢　晶　孙晓红　曹剑敏

习近平总书记在 2018 年 5 月的全国生态环境保护大会上提出，"生态环境是关系党的使命宗旨的重大政治问题，也是关系民生的重大社会问题。广大人民群众热切期盼加快提高生态环境质量。我们要积极回应人民群众所想、所盼、所急，大力推进生态文明建设，提供更多优质生态产品，不断满足人民群众日益增长的优美生态环境需要"。同时，习近平总书记强调，"绿水青山就是金山银山，生态环境与人民的美好生活息息相关"。

开展文化素质类课程教学，能让学生树立正确的人生观、价值观与世界观，更懂得用自己的实际行动捍卫家园与爱护环境，营造和谐美丽中国。花的美丽可以震撼人的心灵，让心灵得到净化，使人们向往美好的未来。同时，当代社会特别注重交际的作用，通过花卉文化精神的传递促进作用，人们能够生活得更健康、更和谐、更有情趣。花卉通过不同的花文化，向人们传递不同的高级文化内涵。基于此，"花卉欣赏"是顺应时代需要而开设的课程，其重要性不言而喻。

一、"花卉欣赏"课程概述

"花卉欣赏"为上海海洋大学综合与通识教育课,该课程自2001年起开设,至今已有20载,可谓历史悠久。"花卉欣赏"课程的教学内容包括花卉礼仪、花卉的分类与应用、花卉的栽培、花卉的管理与养护、中国传统十大名花、花卉认知、插花艺术等;其中,主要选取梅花、牡丹、菊花、国兰、月季等25种代表名花,通过引用古往今来文人墨客的诗词、文章、传说与典故,讲述与花卉有关的趣闻轶事,并对花卉所具有的品格、精神、气质与风韵等加以总结。"花卉欣赏"课程旨在使学生获得花卉欣赏的基本理论、基础知识,培养学生主动参与的学习态度、严谨的科学素养和分析解决实际问题的能力。"花卉欣赏"课程属于人文素质类课程,主要通过花卉诗词、典故、传说及趣闻轶事的交流分享,提高学生的艺术素养与审美能力,并结合花卉栽培与辨识、插花等实践内容的体验,引导学生拥有更高远的精神追求;同时,帮助学生陶冶爱国主义情操,端正严谨求实的科学态度,发扬协作精神,树立社会责任感,弘扬创新创业精神,培养人文关怀,激发学习动力。

"花卉欣赏"课程的教学难点在于,如何通过教师的课堂讲授,让学生掌握社交礼仪场合恰当利用花卉表达情谊、传递友情的方法;如何让学生在短暂的课堂学习过程中,掌握花卉的栽培、管理与养护知识,做到理论联系实践;如何让学生在轻松自然的环境中认识身边的花草树木;如何通过插花实践教学,提升学生的思想修养水平等。

针对如上教学难点,教师在课程教学中要注重教学方法的革新,努力提升教学质量。"花卉欣赏"课程在已有成果的基础上取得了较好发展,该课程目前已建设成为上海市社区精品课程、上海市重点建设课程、上海海洋大学一流课程、上海海洋大学高水平特色选修课等。本文主要结合课程思政在"花卉欣赏"通识课中所实施的改革举措进行研究探索,通过认知实习、花卉栽培、传统文化、插花实践、课堂互动与考核评价等多渠道培养方式,构建"五位六度"教学模式,实现知识传授、能力培养、价值塑造"三位一体"的育人效果。

《教育部关于加快建设高水平本科教育全面提高人才培养能力的意见》(教高〔2018〕2 号)明确提出,"坚持立德树人,德育为先"。因此,教师根据时代发展的需要,对原有的教学讲义进行了更新完善,补充花卉资源利用、名人与名花、花卉趣闻与诗词鉴赏等内容,增强了教材的阅读性与适用性;同时,将理论与实践有机融合,构建出"五位六度"的教学体系,即花卉辨识(识花)、花卉认知(赏花)、花卉栽培(栽花)、花卉文化(品花)与插花实践(插花),深入挖掘花卉文化中的思政资源,进一步打造有高度、有广度、有温度、有深度、有力度、有厚度的魅力课堂。

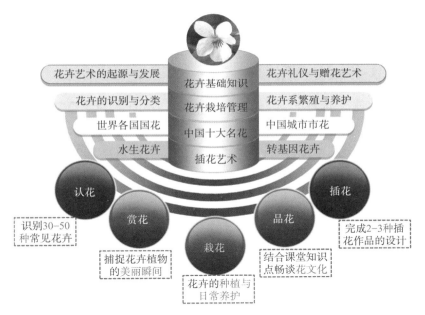

"花卉欣赏"课程教学设计思维导图

二、"花卉欣赏"课程思政教学改革措施

(一)花卉认知实习使"花卉欣赏"课程思政教学更有高度

日常生活中,部分花卉植物因在形态特征和生活习性上相似而难以区分,如樱花与梨花、荷花与睡莲、牡丹与芍药、月季与玫瑰、连翘与

金钟花等;有的花卉植物因名称相近而容易混淆,如梅花与腊梅、紫荆与洋紫荆、紫薇和紫藤、矮牵牛与牵牛、米兰与珠兰等;还有的雌雄异株植物在辨识上有难度,如银杏、苏铁等。"花卉欣赏"课程将花卉认知作为实践教学的一部分,由教师带领学生参观校园或公园,学生在记录主要花卉种类、花卉形态特征与花期等信息的同时,对花卉品种的观赏性、生态习性、配置与绿化效果也有了初步了解。更重要的是,教师将易混淆花卉植物的辨识特征进行现场讲解,使学生对其印象更加深刻,让学生在欣赏花卉美丽瞬间的同时,对花卉辨识有清晰认识。

(二)花卉栽培体验使"花卉欣赏"课程思政教学更有广度

植物的生命现象与人类的成长过程高度契合,植物种子不论落在多么恶劣的环境,总能凭借顽强的毅力破土而出,任何困难都无法阻挡其追求生命与阳光,植物就是这样对生命充满激情。正是这种"不忘初心,砥砺前行"的特点,才创造出植物界中的非凡奇迹,这与国家民族的生存发展何其相似。因此,在教学期间,教师给学生讲授植物种子的繁殖与传播途径,并教会学生花卉的播种、催芽与养护知识,让学生暂时放下手机、断开网络,在种植花卉的过程中,体会点滴惊喜,感受生命的真谛。教师通过植物的生命现象,唤醒学生内心的拼搏精神,引导其找到中国梦里那个属于自己的梦。

(三)传统文化融入使"花卉欣赏"课程思政教学更有温度

古人常以花草树木来比喻人的优良品质,借花喻情、以花喻人、凭花明志,如梅花被誉为"花中魁首",是我们中华民族淡泊名利、坚贞不屈、顽强拼搏的精神象征;牡丹的寓意是花开富贵,象征着幸福和平与繁荣昌盛;"芝兰生于幽谷,不以无人而不芳",清秀雅致的国兰代表着为人坦荡的谦谦君子。每一种花卉植物都经过了千百年来的发展演变,而人们也将自身情感融入其中。这一优秀传统文化以花卉为载体,值得继续传承下去。基于此,教师梳理出与花卉有关的诗词、典故与传说等内容,提炼其中蕴含着的思政元素,并根据课程安排,将其融入日常教学中。

"花卉欣赏"课程中的部分思政元素

类型	讲授专题	思政素材	代表人物	思政元素
诗词	梅花	疏影横斜水清浅,暗香浮动月黄昏 (《山园小梅》)	林逋	淡泊名利
	梅花	不要人夸好颜色,只留清气满乾坤 (《墨梅》)	王冕	洁身自好
	梅花	江南无所有,聊赠一枝春 (《赠范晔》)	陆凯	真挚友情
	菊花	采菊东篱下,悠然见南山 (《饮酒·其五》)	陶渊明	淡泊明志
	梅花	零落成泥碾作尘,只有香如故 (《卜算子·咏梅》)	陆游	坚贞不屈
	梅花	已是悬崖百丈冰,犹有花枝俏。俏也不争春,只把春来报 (《卜算子·咏梅》)	毛泽东	积极乐观
	国兰	芝兰生于幽谷,不以无人而不芳 (《孔子家语》)	孔子	品德高洁
	萱草	焉得谖草,言树之背 (《诗经·伯兮》)	孟郊	母爱如山
	竹、梅	虚心竹有低头叶,傲骨梅无仰面花 (《竹梅图》)	郑燮	谦虚礼让 高傲不屈
	荷花	出淤泥而不染,濯清涟而不妖 (《爱莲说》)	周敦颐	廉洁朴素
传说	茉莉	"茉莉"花名的由来	王梅溪	大公无私
	铁树	"苏铁"名称的由来	苏轼	不畏权贵
	菊花	黄州菊花满地金 (《警世通言》第三卷《王安石三难苏学士》)	王安石 苏轼	君子之交
	牡丹	怒贬牡丹 (《镜花缘》)	武则天	不畏强权

（四）插花实践活动使"花卉欣赏"课程思政教学更有深度

"一花一世界，一叶一菩提"，插花艺术是集花卉学、美学与文学等为一体的造型艺术，是心灵与花的对话。插花艺术的起源应归于人们对花卉的热爱，通过对花卉的定格，表达一种意境来体验生命的真实与灿烂，同时也使花卉以另一种形式焕发出新的生命。对于中国人而言，插花作品被视为融合宇宙生命的天人合一的综合体现。授课期间，教师将新鲜花材带进课堂，给学生讲解我国插花艺术的起源与发展，比较东西方插花艺术的异同点，教会学生花材选取与设计原则，并让大家以小组为单位完成 2—3 种插花作品的设计，最后由各组学生现场讲解作品的设计思路。插花实践这种体验形式不仅提高了学生的艺术鉴赏和审美能力，促进了其综合素质提升，同时还让学生掌握了一门技术。插花作品，可以托物言志、借花喻人，以表明淡泊名利与宁静致远的志向，从而达到最高审美境界。

（五）课堂互动体验使"花卉欣赏"课程思政教学更有力度

教师已于前期完成"花卉欣赏"在线课程的录制，并在智慧树平台线上运行。目前，"花卉欣赏"课程主要采用线上辅助线下翻转教学模式进行授课，以适应面向高阶思维的培养需求。其间，教师借助智慧树平台的"签到""答疑""投票""点名""抢答"与"头脑风暴"等功能进行课上互动交流。同时，教师应用项目参与式、情景模拟式、线上研讨式与答题进阶式等教学手段，通过定期布置"慧眼识花""花卉诗词鉴赏""花卉与生活""花谜赏析""国花与市花"等章节任务，让学生课后查阅资料来寻找答案。借助智慧课堂，教师充分调动每一位学生的积极性，使其主动参与课堂学习。

（六）考核评价方式使"花卉欣赏"课程思政教学更有厚度

合理的考核评价体系能客观反映学生的学习效果，这也为后期教师完善教学内容与改进教学方式提供了基本保障。"花卉欣赏"课程改革后的考核体系分为平时成绩（60％）与期末成绩（40％）两个部分。其中，平时成绩包括课堂出勤（10％）、课堂互动（10％）、课外练习（10％）、花卉辨识(5％)、花卉认知(5％)、花卉栽培(10％)、花卉文化(5％)、插花实践(5％);期末考试采用闭卷形式,考试范围涵盖所有讲授及自学内容,还包括花卉识别与辨识,从而真实反映学生对本门课程主要概念的记忆与掌握程度,以及对有关理论的理解、掌握与综合运用能力。

"花卉欣赏"课程考核计划评价方案

类别	内容	分值	学习要求描述
平时成绩 (60％)	日常出勤	10	准时出勤,勿迟到早退
	课堂互动	10	投票、抢答、头脑风暴等
	课外练习	10	登录知到 App 发表观点,登录 1 次回复问题,记作 1 分,最高分 100 分
	花卉辨识	5	能够识别 30—50 种常见花卉
	花卉认知	5	校园花卉剪影,捕捉花卉植物的美丽瞬间
	花卉栽培	10	完成学期初花种和花苗的种植与日常养护
	花卉文化	5	结合课堂知识点畅谈花文化
	插花实践	5	完成 2—3 种插花作品的设计
期末成绩 (40％)	考试成绩	40	闭卷考试
附加成绩 (5％)	附加分	0—5	课代表、组长、平台学习之星等

结语

目前,"花卉欣赏"课程已在智慧树平台运行了 6 个学期,已有全国 67 所高校选课,1.42 万名学员完成线上学习,线上互动 14.58 万次,学生满意率 95.8％。在第十届中国花卉博览会开幕之际,教师还在第 32 期"瀛洲青年大讲堂"上,以《走进花博会,品读花文化——谈中国传统名花之美》为题作专题报告,线上线下近 4 万人共同参与学习。教师还于 2021 年的国际博物馆日举办"品读花史,慧眼识花"专题讲座,进一步扩大"花卉欣赏"课程的综合影响力与示范辐射力。

"花卉欣赏"作为高校通识类选修课,既要能拓展学生的知识面,又要追求学生对知识点理解的深度,更要完善学生的知识结构并提升其审美情趣,从而为后期专业学习的创造性与适应性打下良好基础。因此,教师在传授知识的同时,应将立德树人作为根本任务,在课程体系上体现全员、全过程、全方位的育人目标,改进教学方式、更新教学内容,实现全面型人才培养的最终目标。

体育育人视角下中国特色营地教育的思考
——以上海海洋大学营地教育为例

上海海洋大学体育部 / 宋志方　韩立刚

2022 年 10 月 16 日,习近平总书记在党的二十大报告中提出了建成体育强国的目标。体育强国目标的设立,也明示了我们立德树人的根本任务又有了更加具体的路径和抓手。这一宣示不但明确了我们的工作方向,更预示了发展路径。近年来,习近平总书记在不同场合也不断强调体育育人的重要性,更强调了走自己的特色道路,基于新时代新征程的历史方位的要求。我们体育育人的各项工作都要从培养新时代社会主义新人这个基准定位出发,而营地教育则是一个很有效的体育育人途径。

一、发展现状

作为户外体育运动的重要分支,营地活动当前在各国都发展蓬勃。据美国营地协会统计,美国有 1.2 万多个营地,每年服务超过 1000 万名儿童和青少年及 100 万名成人。据世界营地协会(ICF)统计,世界上营地数量最多的国家是俄罗斯,有 5.5 万个营地;日本有 3500 多个营地,每年超过 3000 万名中小学生参与营地教育活动。加拿大营地协会在 8 个省级协会中有 724 个会员营地。澳大利亚只有近 3000 万人口,其中有近 300 万学生,但营地数量超过 900 个。

近年来,营地教育在我国也得到长足发展。据统计,我国现存的营地教育法人实体就有近 14000 个(依据"天眼查"提供的 2022 年 4 月数据),形成了年产值近 1000 亿元的市场。但是,中国当前的营地教育也存在许多不容忽视的问题。本文从营地教育的育人理念、教育目标、课程内容和质量、实施等方面入手,对标新时代育人要求,探讨作为特色体育育人手段的中国营地教育之问题和应对策略。

二、体育育人视角下营地教育的问题及分析

(一)育人理念存在问题——有片面"西化""传统化""科技化"等误区,中国特色育人理论缺乏

社会主义体育育人必须有自己的教育理念。然而,一方面,受欧美各国营地教育的影响,作为户外运动之一的营地活动在我国开展之初,很多是照抄照搬西方模式和经验,以开办户外探险营地、房车旅游营地、"童子军"式游学等为主。根据美国营地协会的统计,青少年户外营地课程产品主要涵盖科学、冒险、艺术、环境、运动、滨水 6 大类,其中与远足、探险等运动相关的课程产品占比较高,比重超过 60%。这不仅展现了青少年户外营地与学校教育在理念和内容上的不同,更体现出西方文化中偏好个体自由、爱好冒险与探险的文化特征。因此,中国营地教育的片面"西化",也带来了严重的水土不服。例如,中国青少年家长普遍对青少年户外冒险与探险持保留态度;房车营地长期受房车保有量和交通、土地规划等制约;西式"童子军"远足只能在少量有相关文化宗教背景和留学背景的家庭中展开。

另一方面,伴随经济社会发展,中国也开始出现大量由营地社团和旅行社、企业组织的"研学旅游""亲子营""传统文化研习营""科技夏令营""素质拓展营"等营地活动,促进了人们运动习惯的养成,对体育强国建设颇有好处。但是,由于对传统文化和现代科技的选取标准与尺度等把握不准,部分组织者过于追求"传统""科技",反而导致文化旅游张冠李戴、亲子活动"不亲"、科技知识硬灌、素质拓展变成"游戏大本

营"等现象,进而引发被学生排斥、被家长举报、被主管部门查封等问题。

这些片面"西化""传统化""科技化"的背后,实质上是中国特色营地教育理论的缺乏,特别是缺少对中国青少年身心素质变化规律的研究与指导。

(二)育人课程存在问题——课程设计和实施方面存在内容单薄、同质大严重等不足,针对性教具和场所设施缺乏

立德树人应当在良好的课程设计和实施中潜移默化地完成。我国当前的营地教育实践中,户外营地教育尚无统一的教材和教学大纲,课程内容基本上由每个主体自己决定,从而导致课程设计不科学。通过调查发现,户外露营课程大致分为基础项目、先进项目和特色项目,以基础项目为主要内容;基础项目包括拓展训练、野营、野外生存、科技体育、徒步、定向等。相同的课程内容和不科学的课程设计,让人对营地教育的效果提出了质疑,这与我国营地教育的快速发展和营地教育机构的不成熟发展密切相关。

此外,营地教育也离不开特有的场所设施和教具。在实践中,既有的场所、设施和教具经常因针对性、实用性、适应性问题而过度或缺乏。比如,一方面缺乏高水平的科技文化营地设施,另一方面多地的科普场所又乏人问津。再如,针对低龄儿童的求生与救生教具和户外活动设施不足,从而影响了营地教育课程的设计与推广。

如何通过良好的课程设计与课程实施,加上适用的设施与教具,培养青少年儿童的创新意识、创新精神、科学态度、科学思维方法,尊重学生的个性,发现学生发展的潜能,培养和激发学生的好奇心,这是满足营地教育的重要需求和实施良好营地教育的努力方向。

(三)在课程效果上存在问题——效果评价和学业质量划分方面不统一、不科学,人、财、物和营地项目管理粗放

体育育人并不是一个单一、单方面的工作,营地教育涉及课程设计、场地建设、师资培训、设备投入、培训效果等内容。在我国当前的

营地教育实践中,很多学校和培训机构只注重了课程的开展,忽视了对课程和教育的过程控制与效果评估。因此,尽管我国学者早在2010年就提出我国青少年营地课程的评价与管理问题,但是经过近10年的发展,这些问题仍然没有很好地得到解决。

效果评价上的问题,实质上与营地教育发展过程中的管理问题密不可分。由于我国营地教育发展还处于探索阶段,不仅行业主管部门的规范化管理还需要深化,而且学校、培训机构和企业等运营方的人、财、物管理亦显得不足。根据经济需求理论,当需求远大于供给的时候,管理的边际效用是不足的。也就是说,当目前社会各界对营地教育的需求还处于非常旺盛、远超过供给的时候,无论是政府管理部门,还是实际的营地教育供给方,都没有很好的动力来改进人、财、物和营地项目管理。但是,如果不重视人、财、物和项目管理,那么营地教育行业的长远发展将受到非常大的影响,特别是专业人员的供给已经出现了严重不足。

三、体育育人视角下特色营地教育的发展对策

新时代、新挑战、新机遇,我国营地教育正处在高速发展的战略机遇期,学校、培训机构、企业和政府管理部门等各相关方应该积极抓住新时代体育育人目标贯彻落实中的机遇,集合社会各界力量,打造具有中国特色的新时代的营地教育系统,为体育强国建设助力。

(一) 应当更加突出地方特色

中国的体育育人必然与国外有所差异,乃至于有本质不同,中国的体育育人是为社会主义强国孕育新人,营地教育就是一个很好的区分点。营地教育不同于常规学校教育,教材和场地都较为开放,青少年儿童接受营地教育的时间也没有学校教育的时间长,一般不超过2周,尤其是专设营地教育和主题营地教育,时间一般只有几天。短短几天时间内,要在较为陌生的环境与开放的格局中完成营地课程内容,实现传承优秀文化、提高科技素养、锻炼体育技能、磨炼心理素质的教育目标,

突出特色来吸引青少年儿童兴趣就成为关键因素。吸引青少年儿童兴趣的最佳方法,就是针对他们的个性需求和身心发展规律来开展工作,而这一工作的基础又要建立在深度分析中国新时代青少年儿童的心理特征和家庭与社会特点之上。

随着我国经济的快速增长,家庭显示出较强的消费能力,尤其是家长对孩子的教育投资逐步增加,越来越多的青少年参加营地教育,以提升综合素质和能力。但是,在当前阶段,城市与农村之间、不同省份与地域之间的经济及文化特色区分还是非常明显。因此,切勿照搬国外的营地教育项目和经验,必须用符合当地经济社会特色的营地教育的内涵和外延,从实际出发来开展活动。例如,南方某城市临海、多水、季节特征明显,就应当结合地理条件,加上地方文化和科技特色,开展以龙舟、露营等运动为主,以海派文化研学为辅,并结合创新科技之城等特色活动的营地教育。

(二) 应当兼顾身体和心理发展的匹配性

体育育人要有系统性意识,对于营地教育而言,特点就在于能有效实现身体和心理的综合调适、锻炼与提高。与其他校内教育相比,营地教育是在开放的空间内,通过集体的管理,综合各种跨学科主题来开展,具有基础性、健身性、实践性和综合性等特点,对促进学生德智体美劳全面发展具有非常重要的价值。

从现实角度出发,当前开展的许多营地教育已经开始关注参加者的身心互动问题。我国经济社会发展正处于新阶段,青少年儿童受到家庭、社会和个体发展的影响,与国外的情况是具有较大差异的,包括儿童发展的心理量表在内的各项指数也不能照搬照抄国外数据。在进行营地教育课程的设计、实施与评价时,必须依据我国青少年的成长环境、心理特点、能力体系,还必须结合当地的经济社会文化特点。

营地教育的时间通常是从一天到数周不等,时间延续上是有一定宽度的。因此,笔者认为,应当根据需求,进行完整的模块设计,包括入营仪式、分组活动、出营仪式等必要的阶段;也包括身体锻炼的准备、进行和放松,以及心理成长的初识、熟悉和告别。这些必要的阶段划分和仪式,可以构建良性循环,从而提高营地教育的有效性和规范性。

(三)应当回归营地教育的实践本质

体育育人与其他育人方式的区别之一就在于其有实践性,营地教育更是如此。营地能不能建好、营员能不能行动,是判断育人"威力"的标准。中外的经验都表明,营地教育作为一门校外教育课程,非常丰富的实践性与应用性是育人成败的关键。无论是研学旅游、户外求生、科技夏令营、房车营地等营地组织形式,还是探险游、溯溪运动、定向赛、攀岩挑战等营地运动形态,都是在实践中学习,在应用中强化的。

特别是在新时代变革中,要做到全面落实培养有理想、有本领、有担当的时代新人之要求,营地教育就要进一步在实践与应用上下功夫,勇于打破当前一些学校偏重应试教育、一些学生总是眼高手低的局面;要各方一起努力,利用好当前"双减"的机遇期,使体育"第三"主课的地位在应用中强化、在实践中丰富。

笔者以为,加强营地教育的实践性与应用性,可以从以下方面进行尝试:第一,在课程设计中,尽量多编排实践性、应用性的内容。例如,在每一个专项的理论课后,尽快开展实践活动,让青少年儿童在实践中激发兴趣、培养身心素养和科技文化知识。第二,在课程实施中,多采用翻转课堂、讨论式学习等主动方式,增强教育的主动性与实践性。第三,在教具和场所的选择与建设上,多设计制造实践性和应用性强的场景,包括求生、救灾等场景,让学生在学练结合中成长。

(四)应当突出营地教育的学科综合性

体育育人最好是体现为多学科并行的过程,恰如新教纲提出的"跨学科"之要求。在营地教育过程中,跨学科融合一直是学生提高运动能力、学习健康知识和传承中华优秀传统体育文化的重要方式与途径。营地教育应融合多门课程,充分发挥育人功能,促进学生全面发展,设置有助于实现体育与德育、智育、美育、劳动教育和国防教育结合的多学科交叉融合的教学内容。

具体来说,笔者认为,只要能与青少年儿童的成长特点和营地运行的时间及场所相融合的内容,都可以纳入营地教育中。在德育方面,可以将优秀传统品德、红色革命精神、核心价值观、城市精神等内容纳入营地学习,显现在入营宣誓仪式、营规制定等方面,见人见事见精神,培养青少年儿童的良好品德。在智育上,可以将科学技术的经典实验、专用设备等引入营地所建设的设施设备中,如棱镜彩虹实验、重力实验、马德堡半球实验、仰望观察星空和俯览微生物等,让学生亲手参与,从而激发好奇心,并且培养创新精神与科学思维方法。在美育上,加大地方特色文化和传统文化熏陶,可以结合求生结的编制,融入中国结教程;可以结合营地挖掘,融入陶艺制作;可以结合户外动植物认识,融入中餐制作等,使文化审美与营地生活密切融合。在劳育上,可以将营地求生与中国传统的农耕渔猎融合,使团队生活与个人生活结合,培养勤劳勇毅的新时代青少年儿童。最后,营地教育还可以积极组织灾害自救互助、传统武术、绿色生态生活培训等活动,用五光十色的营地生活来丰富参加者的感受。

(五) 应当出台更多针对营地教育的鼓励政策,优化人、财、物投入和共同管理层级

体育育人少不了投入。相对而言,营地教育作为新领域、新产业,在充分借鉴国际营地教育理念的基础上,要注重总结我国课程建设的成功经验,推动全体相关方的共同协作和规范管理。

首先,在宏观管理方面,各级主管单位应当出台更多细化的支持政策,引导和规范营地教育的发展。特别是营地教育作为一个综合性特别强的门类,在营地设立的土地政策、营地设施设备的产业制造规范、营地运行的环保规划等方面都存在较多不确定因素,主管部门需要进一步细化规定并加以引导。其次,在各营地教育的供给者方面,无论是学校、教育培训机构还是其他企业、社会组织,都应更加重视人力资源、财务管理和物资调配的科学化与规范化管理。特别是在行业分工不断细化的今天,即使是同样的营地教育,也存在复杂的资源供给和分工协作。对此,各方应当努力建立起竞合的关系,在实现人、财、物资源有效配置的同时,扩大行业影响力和深化品牌建设。最后,对于学生、家长和其他社会各界关心与支持营地教育发展的群体而言,要进一步修正对营地教育的看法,积极参与活动并反馈成效,共同使营地教育的立德树人效能充分发挥出来,打造具有时代特征的综合性跨学科主题教育系统,为民族复兴伟业贡献力量。

专业课程思政的现状调查与对策分析

上海海洋大学校工会(妇工委) / 陈艳红

党的二十大报告提出"办好人民满意的教育",并指出"育人的根本在于育德。全面贯彻党的教育方针,落实立德树人根本任务,培养德智体美劳全面发展的社会主义建设者和接班人"。面对百年未有之大变局,高校有责任和义务回答好"为谁培养人""培养什么样的人""怎样培养人"这三个教育基本问题。高等教育要始终坚持把立德树人作为中心环节,使各类课程与思政课程同向同行,共同承担起培养中国特色社会主义事业的合格建设者和可靠接班人的光荣任务与政治使命。从2014年上海部分高校率先探索课程思政起,课程思政目前已成为国家政策,全国各地课程思政改革探索如火如荼,成果层出不穷,但还存在困境。笔者结合2021年末对全国832名教师开展的问卷调查之结果进行分析,试图找出困境的原因并探索突破路径。本次调查对象的基本情况如下:全国高校的专业教师、思政教师、辅导员和管理人员;男教师占47.12%,女教师占52.88%;80.97%为上海地区教师,全国其他地区高校教师占19.03%;98.45%的教师表示了解课程思政。

一、专业课程思政的价值意义

课程思政是指全面贯彻党的教育方针,落实立德树人根本任务,遵循学生思想政治工作规律,发挥所有课程的育人功能、所有教师的育人责任,将思想政治工作贯穿教育教学全过程,形成全员、全程、全课程、全方位的育人格局,培养德智体美劳全面发展的社会主义建设者和接班人。课程是课程思政建设的基本载体。专业课程思政是指围绕价值塑造、能力培养、知识传授"三位一体"的教学目标,根据专业定位及建设规律,以专业知识和技能为载体,深入挖掘专业课程相关的思政元素和育德功能,将其有体系、系统地融入专业课程教学中,发挥其价值引领作用。

(一)满足立德树人的刚需

对于人才培养来说,思政素质作为核心和灵魂,对其他方面素质起着导向、动力和保证作用。党的十八大提出立德树人是教育的根本任务,党的十九大和二十大要求落实立德树人根本任务。习近平总书记在 2014 年全国高等学校党的建设工作会议上指出要坚持立德树人,在 2016 年全国高校思想政治工作会议上强调高校要把立德树人作为中心环节并提出三全育人,在 2018 年全国教育大会上指出把立德树人融入思想道德教育、文化知识教育、社会实践教育各环节并贯穿高等教育各领域。习近平总书记在之后的 2019 年全国思政课教师座谈会上及 2019 年纪念五四运动 100 周年大会等会议上都强调了立德树人。2020 年,教育部颁布《高等学校课程思政建设指导纲要》(以下简称《纲要》),指出"立德树人成效是检验高校一切工作的根本标准"。可见,立德树人越来越成为高等教育的刚需。课程思政因寓价值观引导于知识传授和能力培养之中,用价值塑造、知识传授和能力培养"三位一体"的教学目标来帮助学生塑造正确的世界观、人生观、价值观,从而成为高校落实立德树人的战略举措。问卷调查中,90.71%的教师认为,课程思政确实发挥着较大的立德树人作用。

(二)满足全面发展的常需

人的全面发展是马克思主义的重要理论观点,揭示的是一个统驭着社会活动一切方面的总体性概念,它不仅是教育的根本性问题,而且是关系着社会进步与历史发展的重大课题。1996 年的《教育——财富蕴藏其中》提出"教育的四个支柱",即学会认知、学会做人、学会做事、学会共同生活,该报告还强调了一个十分重要的原则,即"教育应当促进每个人的全面发展,即身心、智力、敏感性、审美意识、个人责任感、精神价值等方面的发展"。2018 年的《普通高等学校本科专业类教学质量国家标准》是向全国、全世界发布的第一个高等教育教学质量国家标准,提出政治思想道德、业务知识能力等人才培养基本要求。以大学生全面发展目标为连接点,课程思政架起了思政教育与专业教育之间的桥梁,其通过积极正面的价值引导,将思政教育理念贯穿专业教育教学活动的全过程,明确教育教学活动的基本价值取向,完善以价值观培养为基础和导向的知识传授,促进教育教学活动的价值实现,实现大学生全面、自由、充分、独特的发展。

(三)满足同向同行的新需

课程是高等教育质量和特色的基石,它作为意识形态和价值观教育的重要载体,决定着人才培养的政治方向和价值导向。习近平总书记在 2016 年全国高校思想政治工作会议上强调:"使各类课程与思想政治理论课同向同行,形成协同效应。"2019 年的《关于深化新时代学校思想政治理论课改革创新的若干意见》提出整体推进高校课程思政,再次提出同向同行问题,课程思政上升为国家层面的教育政策。2022年,教育部等十部门印发《全面推进"大思政课"建设的工作方案》,强调全面推进课程思政高质量建设。调查显示,高校三类共四种课程所发挥的立德树人作用大小在教师心目中的排序依次为:思想政治理论课、中国系列课程(思政选修课)、专业课程、综合选修课程。思政课程为立德树人的关键课程,对价值塑造起主导和示范作用。专业课程对价值塑造起着渗透作用。忽视思政的专业教育易养出"空心人",忽视专业的思政教育则易养出"边缘人",这几类课程同向同行才能发挥最大的立德树人合力,培养出全面发展的人。

(四)满足"三位一体"的亟需

《纲要》指出:"落实立德树人根本任务,必须将价值塑造、知识传授和能力培养三者融为一体、不可割裂。"传统的专业教育往往只注重知识传授和技能培养,忽略了价值塑造。实际上,无论是知识传授还是技能培养,其动机和目的都贯穿着价值追求问题。爱因斯坦认为,仅用专业知识教育人还不够,那将成为受过很好专业训练的狗,必须接受价值教育才能在离开学校时成为一个和谐发展的人。价值塑造、知识传授和能力培养"三位一体"的课程思政教学目标符合"知识—能力—素质"的教育规律。专业课程思政通过深入挖掘专业课程中的思政元素,以知识承载价值,以价值凝聚知识,优化教学资源供给,拓展专业课程的广度、深度和温度,充实学生的精神世界,帮助学生塑造正确的世界观、人生观、价值观,有效解决思政教育与专业教育的"两张皮"问题。

二、专业课程思政的现状调查

专业课程思政作为一种教育教学改革,需要建立健全工作机制,依靠专业教师队伍主力军、坚守专业课程建设主战场、立足专业课堂教学主渠道,精心挖掘合适的思政元素并合理运用到专业课程教学中,使专业课程与思政课程同向同行,真正落实立德树人的根本任务,使思政要求内化于心和外化于行。专业课程思政受诸多因素影响,调查问卷显示影响程度较大的几个因素依次为:政策导向、教师水平、管理机制、课程设置。其中,政策导向的分值明显偏高,教师水平、管理机制和课程设置三者的分值相差不大。

(一)制度导向诉求

专业课程思政的政策导向较为直观地反映在高校的课程思政制度和体制方面。各高校课程思政制度体系对人才培养质量具有根本性和长期性的影响,好的课程思政制度将会使各门课程与思政课同向同行,形成协同效应,而不好的制度不仅让人无法投入课程思政教学,还有可能破坏课程思政教学。各高校需要在抓人才培养工作中统筹构建课程思政制度体系,做好各学科专业及各类课程的课程思政建设。

各高校对课程思政的重视程度是课程思政制度建立健全的前提。

调查问卷中,99.56％的教师认为本校重视课程思政,83.41％的教师认为本校课程思政制度合理,但仅51.55％的教师认为本校课程思政"有导向,有措施,效果好"。进一步了解各高校实施课程思政以来阻碍课程思政良性发展的因素并分析原因,才能出台更有利于深化课程思政的制度。调查问卷中,针对高校实施课程思政存在的最大问题,63.72％的人认为课程思政激励措施过少和激励力度不大,59.51％的人认为管理机制不顺,48.45％的人认为课程思政任务不够明确,35.84％的人认为教师水平不高及投入不够,26.11％的人认为课程思政考核不够严格。从以上调查结果分析,课程思政对学校制度提出了内在的要求,即构建科学合理的课程思政制度体系,确保有任务导向、努力方向、考核激励、管理成效等。

(二)师资水平诉求

"为了实现思想,就要有使用实践力量的人。"教师是教育质量和特色的保证,无论是课程思政目标的制定还是内容的选择,最终都要落实在教师的教育意向和创设的教育情景上,价值引领最终要通过教师的教学过程来体现。教师的思政品质、知识底蕴、教育理念、人格魅力、待人接物方式等,都会对学生的思想道德发展产生潜移默化甚至是终生的影响。专业课程思政的实施必须培养一支具有先进教育思想和良好素质的师资队伍来践行价值观塑造、知识传授、能力培养"三位一体"的教学目标,彰显专业课程与思政课程同向同行的魅力,用社会主义核心价值观来引导学生树立远大理想和爱国情操,让他们以实现中国梦和中华民族伟大复兴为己任,德智体美劳全面发展。

调查问卷中,被问及"实施课程思政教学以来,教师最大的改变在哪里"时,83.85％的教师认为自己的育德意识提高和育德责任感更强,6.19％的教师认为自己育德能力提高,3.1％的教师认为自己育德效果更好,6.86％的教师认为自己没什么变化。可见,提高专业教师的育德意识和育德能力还任重道远。

1. 育德意识明显提升

"在任何学校里,最重要的是课程的思想政治方向。这个方向由什么来决定呢？完全而且只能是由教学人员来决定。"高校专业教师大都成长于专业化教育模式并习惯性地沿袭这种模式，重知识传授和能力培养而轻价值引领的观念倾向不同程度地存在于头脑一隅。调查问卷中，92.04％的专业教师愿意接受课程思政教学任务，但调查问卷所反映出的教师本人和周围教师的投入还需要提高，效果也有待提升。背后所反映的问题是高校的课程思政任务导向是否明确、考核机制是否严格、激励措施是否到位、教师自身的师德修养是否过关等。

2. 育德能力尚有不足

调查问卷中，53.54％的教师明确表示在课程思政教学方面存在困难；其中，66.59％的教师表示难在如何把专业课程讲出自然的思政味，61.95％的教师表示难在如何挖掘专业课程中的思政资源，44.91％的教师表示难在如何让专业课学生喜欢思政味的教学内容，34.29％的教师表示难在如何把握每节专业课中思政含量高低。调查问卷中，针对存在困难的原因，56.1％的教师认为接受的课程思政相关培训较少。专业教师育德能力短板主要体现在价值观塑造能力，他们往往告诉学生什么是价值论中的是非和真假问题，至于如何判断和取舍则很少提及，缺少了对学生智慧的培养、灵魂的关注、生命的呵护，使学生鲜有能力思考超越专业层面的东西，更不用说那些让人安身立命的终极性问题。

（三）教学内容诉求

在专业课程思政教学中，教师要深刻把握住内容为王的道理，按照"三位一体"的教学目标，"把做人做事的道理、把社会主义核心价值观的要求、把实现民族复兴的理想和责任融入各类课程教学之中"。第一，在专业课程思政教学中，要有明确的政治导向，提升引领性、时代性和开放性。正如列宁指出："不能抱着教育不问政治的旧观点，不能让教育工作不联系政治。"虽然高等教育呈现国际化趋势，但教育毕竟"承载着构成民族国家的共同基本要素：文化、历史、民族价值观"。培养出来的人才方向明确，才能在大是大非面前保持清醒的头脑，坚定社会主义信念，树立共产主义的远大理想，并产生为实现这一目标而奋斗的动力。2017 年,习近平总书记在出席清华大学相关活动时就曾经指出,教育要培养中国特色社会主义事业的建设者和接班人,而不是旁观者和反对派。第二,要考虑挖掘出来的思政元素与专业内容之间的兼容性,注意知识性和人文性,否则易产生教育功能障碍,造成学生因"营养不良"而"先天不足",或者因"营养过剩"而"消化不良",又或者因"营养不均"而"暗疾丛生"。第三,要考虑思政内容在专业课程教学中的融入度,包括广度、深度和温度,防止出现思政标签化、泛政治化、去政治化等现象。调查问卷中,针对目前专业课程思政的思政内容融入问题,69.47%的教师认为重思想轻政治或重政治轻思想,51.77%的教师认为偶尔蜻蜓点水般点缀思政内容,33.41%的教师认为用力过猛甚至有时把专业课上成思政课,31.42%的教师认为思政内容只教学不纳入考试。

(四)教学方法诉求

专业课程思政教学方法必须契合我们的国情、世情、党情、校情和学情,方法上做到因地制宜和因时制宜、因师施教和因生施教。科学合理的课程思政教学方法能把教学内容、教学主体、教学手段等优化组合在一起,使教学过程孕育出预想的教学效果。思政资源融入专业课程教学不恰当,将会引发《晏子春秋》所说的"橘生淮南则为橘,生于淮北则为枳"的变异现象。

调查问卷中,针对专业教师挖掘思政元素的求助对象,70.58%的教师认为要寻求思政教师的帮助,62.17%的教师认为要寻求同一课程组教师的帮助,32.52%的教师认为要寻求党务工作人员的帮助,26.11%的教师认为要寻求辅导员的帮助,21.68%的教师认为要寻求其他人的帮助。这里反映出专业教师与思政教师联合备课的教学诉求。

调查问卷显示,在实践中,专业课程思政教学经常出现一些错误方法,机械填鸭法(不管是否适合,专业教学每个部分都硬扯上思政内容)占 60.4%,穿靴戴帽法(只重课堂开始和结束,中间无思政)占51.33%,舍本逐末法(过于注重思政引导而让学生失去专业兴趣)占40.93%,厚此薄彼法(只重第一课堂,忽视第二课堂和第三课堂的课程思政)占 40.71%,比例计算法(每门课的每节课按照一定比例配置思政内容)占 26.11%。

出现以上错误方法的原因主要有以下几点:一是有心无力,专业教师本身知识面较窄,欠缺思政相关知识,接受的课程思政培训不足,有实施课程思政之心但实施能力不足,无法掌握专业课程思政教学技能,难以达到专业与思政的有机相融;二是有力无心,高校以科研课题、经费、论文、成果、奖励等来衡量教师的业绩,课程思政方面激励太少,导致有的教师有能力也不愿意做;三是无心无力,教师宁愿固守多年专业教学习惯,不愿轻易学习课程思政新方法。

三、专业课程思政的对策建议

专业课程思政是一项系统工程,《纲要》指出"各高校要建立党委统一领导、党政齐抓共管、教务部门牵头抓总、相关部门联动、院系落实推进、自身特色鲜明的课程思政建设工作格局"。

(一)建立健全专业课程思政制度和体系

高校层面做好顶层设计,建立健全专业课程思政制度体系。二级学院层面要扎实推进,展现出学院专业课程思政的特色和亮点。

1. 成立课程思政教学改革领导小组及相关机构

上海各高校都成立了校级课程思政教学改革领导小组、课程思政指导委员会、课程思政教学改革办公室,课程思政教学改革办公室具体负责开展课程思政改革试点工作,一般由教务处牵头课程思政工作。各高校视具体情况,由教师工作部、马院、宣传部、学生处等一起联合开展课程思政工作。教务处联合教师工作部、马院等一起开展师德师风建设、专业课程思政培训,加强教师育德意识和育德能力培养。笔者所在高校专门成立了校院两级课程思政工作室,开展课程思政教学改革研讨交流、检查立项评审等日常工作。

2. 出台专业课程思政系列管理制度

一是机构管理制度,主要包括校级课程思政教学改革领导小组及相关机构制度、校院两级工作室工作细则、校级课程思政协同工作机制实施细则等。二是课程管理制度,主要包括课程思政建设管理办法、课堂教学质量管理办法、教材审核备案管理制度等。三是教师管理和评优制度,主要包括教师思政工作制度、课程导师(班主任)制度、校级教职工评优制度等。有些高校还专门制定了专业教师与思政教师的集体备课制度等。

3. 全面修订所有专业课程教学大纲

高校应明确课程的价值定位和追求,在尊重专业课程建设规律的前提下,加强对专业课程的二次开发和优化管理,根据学科、专业、课程的层次和特征,从专业与行业、国家与民族、历史与文化等角度,寻求知识性与价值性的统一。高校应围绕价值塑造、知识传授和能力培养"三位一体"的教学目标,先按学科大类形成本学科课程思政指导意见,再按专业细分完善各专业课程思政要点,最后全面修订每一门专业课程教学大纲,增加专业课程思政相关案例,实行专业和思政双审核制度。

4. 资助、激励专业课程思政突出的团队和个人

高校应通过申报专业课程思政类重点课程、组织专业课程思政教学比赛、评选专业课程思政示范教师、鼓励专业课程思政公开课展示等方式进行专业课程思政重点推进与引导;通过校级项目立项的方式,资助优秀的专业课程思政建设项目,促进专业课程思政研究,资助出版专业课程思政案例集等。高校应通过听课评课等方式进行教学评估,对公开发表的研究成果给予奖励,对承担专业课程思政任务表现突出的团体和个人进行精神与物质奖励。

二级学院在校级顶层设计的基础上,进一步出台院级课程思政管理制度,做好专业课程思政教学的引导、培训、考核、激励和提升等,打造专业课程思政特色和亮点。对于二级学院而言,院领导应重视课程思政,院系负责人应带头垂范,"双带头人"教师及党支部书记应带头研究和推动课程思政,党员在课程思政中应起引领示范作用。调查问卷中,82.74%的教师认为,身边的党员教师在课程思政中起到了榜样引领作用。

(二)培训激励教师投入专业课程思政

通过新教师岗前培训、在岗教师各类 FD 培训、课程思政教学专题

培训(教学基本功培训、现代教学技能培训、教学研究能力培训)、教学竞赛等手段,推动专业教师形成课程思政教学理念,提升政治素养和家国情怀,提高育德意识和育德能力,立足课堂教学主渠道,不断更新教学内容,创新课堂教学手段和方法,把学生作为教学的主体,为学生的个性发展、能力培养及素质提高创造条件,使专业课程思政能够出成效。

1. 加强师德师风建设,提高专业教师育德意识

课程思政重任在肩,专业教师唯有身正才能使学生不令而行。加强师德师风教育,使专业教师不能仅满足于做传授知识的"经师",还必须做关注学生精神并能为其示范的"人师",做"四有"好老师,做能塑造学生品格、品行、品味的"大先生",使"学生能从他身上看到一个引导他们攀登道德高峰的引路人,从他的话里听出他在号召他们成为忠于信念、对邪恶毫不妥协的人"。习近平总书记在全国高校思政工作会议上提出的"四个统一",是新时代对加快建设师德师风的四个基本要求,其能引导广大教师以德立身、以德立学、以德施教。

2. 加强课程思政培训,提高专业教师育德能力

专业教师通过所掌握的学术法则来制定课程计划,创造专业教学和学术氛围,加强与学生的专业联系,决定课程思政教学理念、环境、内容、方法、手段等方面的优化组合。专业课教师应在专业课程教学中融入思政元素,以润物无声、潜移默化的方式去引导和践行社会主义核心价值观,在充分发挥专业课程知识传递功能的同时,传递思政教育的正能量,打造兼具高度和温度的专业课教学,落实自身在"三全育人"中的职责。2019 年,习近平总书记主持召开学校思想政治理论课教师座谈会时提出的"三为、六要、八统一",对专业课教师同样适用。知名教授、专家学者、党员教师要主动承担专业课程思政教学工作,并能带动其他一线教师认真做好专业课程思政工作。

3. 加强课程思政激励,提高专业教师育德动力

为鼓励专业教师积极投入课程思政教学,高校必须做好教师的评优表彰工作。调查问卷中,针对给予教师的课程思政激励,72.79％的教师希望评选各类先进荣誉称号时优先,61.95％的教师希望职称晋升

时优先,70.8％的教师希望年终绩效奖励有所体现。高校应在教学和科研成果评定、职称评定、津贴待遇等方面奖励专业课程思政效果突出的教师,为其提供更有利的教学和科研条件,使其迸发出更大的工作动力。评优中,要特别注重考核教师的思想政治素质、理论政策水平及从事课程思政工作的实绩和能力。

(三)善用思政内容给专业课程点晴和铸魂

《纲要》指出,课程思政内容要围绕理想信念,以五爱(爱党、爱国、爱社会主义、爱人民、爱集体)为主线,以政治认同、家国情怀、文化素养、宪法法治意识、道德修养为重点供给内容,用习近平新时代中国特色社会主义思想铸魂育人,把社会主义核心价值观内化为精神追求、外化为自觉行动,传承中华优秀传统,加强宪法法治教育,深化职业理想和职业道德教育。专业课程思政的精髓在于,用以上思政内容给专业课程点晴和铸魂。根据每门专业课程本身是否蕴含思政教育内容、可以拓展哪些思政教育内容等进行具体设计,使每门课程在课程思政方面做到因地制宜和因时制宜、因师施教和因生施教,使专业课程思政可感、可知、可践、可行,帮助学生树立正确的世界观、人生观和价值观,提高他们运用马克思主义的立场、观点、方法来分析和解决问题的能力。

调查问卷中,74.12％的教师认为,要用好教材本身蕴含的思政内容。有一定影响力的教材往往在内容上做到了政治性和学理性的统一、价值性和知识性的统一、理论性和实践性的统一。教材本身蕴含的思政内容自然、贴切,尤其是专业伦理内容,教师易于备课和讲述,学生易于接纳和吸收。教师要善于抓住和进一步挖掘教材所提及的本专业突出的历史事件、杰出人物等背后的国家和民族利益至上、爱国奉献等价值理念,让学生在学习先进事迹中有所感悟和提升精神境界。调查问卷中,72.35％的教师认为,把专业领域杰出人物的先进事迹融入专业课程教学,最能讲出自然的思政味。

调查问卷中,71.46％的教师认为,要用好直面现实的思政内容。教师要引导学生关注国家的前途和命运,直面社会的热点问题,坚持建设性和批判性相统一,回应学生的重大关切,培养学生客观、理性的政治意识和政治态度。教师不仅要讲社会发展的积极方面,引导学生弘扬社会主旋律,而且要讲社会发展中的矛盾和问题,引导学生运用专业知识来正确看待社会负面现象,使学生"能够以批判精神进行思考,会分析社会问题,能研究和运用解决社会问题的办法,而且能承担起相应的社会责任"。

调查问卷中,68.14%的教师认为要用好与学术前沿相关的思政内容,80.31%的教师认为要把与专业相关的最新时事政治有机融入专业课程教学。教师要关注时事政治,把握党的大政方针,了解国内外发展形势及社会走向,了解学术界研究的前沿问题和最新动态,把与专业相关的最新理论研究成果和人文思想纳入专业课程教学,让学生学会用专业思想来分析社会发展中出现的新情况和新问题,让学生更科学地理解、更准确地把握党的方针政策指引下的学术前沿,引导学生用所学专业报效祖国、为民造福。

调查问卷中,66.59%的教师认为,要用好联系学生实际的思政内容。教师要联系学生的思想、学习和生活实际,在了解学生的兴趣和爱好、需要和能力的基础上,选取相关思政内容,让学生感觉到这些内容与其利益相关,从而引发他们的学习兴趣。教师要结合学生的思想变化情况开展教学,让学生产生思想共鸣和进一步的价值认同;结合学生的学习困惑和思考,引导学生学会价值判断;结合学生的生活实践,找到价值塑造的作用点,让他们掌握做人与做事的道理。

(四)解决渡专业课程思政之河的"桥"和"船"

大学教育的主旋律是育人而非制器。英国教育家阿什比提出,大学教育的试金石是用什么高明的方法来讲授伟大真理。"如果大学能教会学生准确自如地表达思想、清晰地思考、严密地分析问题、富有道德感、对国家大事敏感而有见地,社会将受益无穷。"专业课程思政需要充分挖掘专业教学所蕴含的思政元素及承载的德育功能,以课程思政为纲,以专业教育为目,纲举目张,用例证、引证等方式,采取讲授、讨论、辩论、教学实践等方法,实现价值塑造与知识传授和技能培养的同频共振。

1. 道:情与理互融

专业课程思政之道在于,把偏重"情"的思政之盐融入偏重"理"的专业之汤。盐为百味之首,但过犹不及,恰到好处地自然融入才能同频共振,而后煲出一锅起于知识而止于境界的有灵魂的专业课程思政之汤。教师要充分提炼专业课程所蕴含的价值基因,注重学生思维方式和探索精神的培养,让学生在掌握知识和技能的同时,领悟知识背后的方法论基础及知识之上的精神内涵和历史文化。调查问卷中,60.62%的教师认为,要把校史、学科史、专业史融入专业课程教学。每一门专业课程都可以尝试从课程本身的历史文化传统、社会经济意义、伦理道德问题等方面渗透思政教育,激发学生从历史、社会及伦理的角度来思考他们的专业,让学生明确将来工作的价值和承担的社会责任。

2. 法:显与隐互补

坚持显性教育和隐性教育相统一,使学生的价值观念在经历、经验、感受和体验中不断生成。专业课程思政主要是指在显性思政教育目标下,采用隐性的思政教育方式进行思政教育。在较为显性的第一课堂教学中,采用隐性的思政教育方式;在较为隐性的第二课堂中,以社会调查、学术类和服务类校园文化活动等形式进行隐性思政教育,让学生在丰富多彩的活动中感受、联想、理解和领悟价值观。调查问卷中,78.1%的教师认为,第一课堂偏重价值理论灌输和价值思维训练,让学生进行与专业课程相关的价值观察、判断和取舍;66.59%的教师认为,用实践育人和服务育人的方式来强调第二课堂的价值巩固作用,检验学生在第一课堂获得的价值理论和思考在第二课堂上是否有所升华。

3. 术:教与学互动

"教师之为教,不在于全盘授予,而在相机诱导。必令学生运其才智,勤其练习,领悟之源广开,纯熟之功弥深,乃为善教者也。"坚持教师主导性和学生主体性相统一,坚持灌输性和启发性相统一,进行必要的价值理论灌输,但更多的是在教师主导下,唤醒学生的主体意识。教师要通过讨论、置疑、辩难等互动式教学方式,引导学生用主流的价值观和共同的基本道德信仰来进行严谨分析以得出合理结论,提升学生的价值思考、判断和选择能力,把价值教育变成学生自身成长的需要,从而形成内在的品质和外在的行为。调查问卷中,86.28%的人赞同用案例讨论法进行价值塑造,68.58%的人认为最好选用那些本身带有思政味的专业相关教学案例。为进一步检验价值塑造效果,可以在专业课程考试中适当融入思政考核元素,强调过程评价和结果评价并重,从而考查学生的专业知识掌握水平和价值观塑造效果。

4. 器:实与虚互促

"工欲善其事,必先利其器。"新媒体环境下的教学手段和方式发生了极大变化,除了线下课程外,还有线上课程、线上线下混合式课程等。专业课程思政坚持实(线下课堂)与虚(线上课堂)结合,在正常线下课堂教学外,适当采用富有网络特点的平等交互式、虚拟情景式、多维立体式、现代开放式等教学方法,满足"网络原住民"学生在互联网时代的学习需求。线下课堂教学的时间和容量有限,专业教师可以把拓展的相关专业课程思政案例材料等发在配套的线上教学平台,督促学生阅读、收看和完成作业,在线或线下进行测试,实时或非实时地参与答疑互动,并实施学习效果的统计、跟踪、评估等,以分析和判断每一个阶段的学习结束后,学生对内容的理解和掌握情况。教师通过观察学生线上和线下的表现,可以发现价值观念问题并及时纠偏。传统手段与现代手段的互补可以实现价值思考的碰撞,从而坚定价值追求。调查问卷中,58.19%的人认为,用网络育人和管理育人的方式强调第三课堂的价值坚守作用与价值规范遵循,可以让学生在网络世界中不要迷失自己。

综上,专业课程思政理论上已经成为国家层面的政策,实践上也已在全国高校铺开。尽管专业课程思政在实施过程中还存在着一定的问题,但只要细心体悟,在彻底弄明白"为谁培养人""培养什么样的人""怎样培养人"这三个基本问题的基础上,加大宣传使课程思政理念深入人心,制定措施使课程思政工作有规可依,加强管理使课程思政工作产生实效,加强培训使课程思政教师投入有法,激励到位使课程思政教师投入有得,营造氛围使课程思政获得高度认同,就总能拨云见日,更好地全面提高人才培养质量,实现高等教育的高质量内涵式发展,为中国特色社会主义事业培养更多合格的建设者和优秀的接班人。

新时代"三全育人"背景下的高校科研育人探究：内涵、困境与路径

上海海洋大学科学技术处／袁　立

习近平总书记在全国高校思想政治工作会议上发表重要讲话,强调高校思想政治工作关系到高校培养什么样的人、如何培养人以及为谁培养人。要坚持把立德树人作为中心环节,把思想政治工作贯穿教育教学全过程,实现全程育人、全方位育人,努力开创我国高等教育事业发展新局面。2015 年,中共中央办公厅、国务院办公厅《关于进一步加强和改进新形势下高校宣传思想工作的意见》首次提出,立足学生全面发展,努力构建全员、全过程、全方位育人格局,形成"教书育人、实践育人、科研育人、管理育人、服务育人"等"五育人"长效机制。2017 年,中共教育部党组《高校思想政治工作质量提升工程实施纲要》将"三全育人"实施范围再次扩展到课程、科研、实践、文化、网络、心理、管理、服务、资助、组织等十大育人体系;其中,科研育人排在第二位,足见其重要性。2020 年,教育部等八部门《关于加快构建高校思想政治工作体系的意见》进一步指出,应充分发挥高校科研优势,做实科研育人,构建全过程、全方位、全覆盖的科研诚信体系。科研育人是新时代背景下高校落实立德树人根本任务的重要抓手,在新的历史起点与时代定位下要推进科研育人质量的提升,就要切实把握其时代内涵与现实困境,找准将育人内涵贯穿科研活动的各个环节与

全部过程的具体路径,牢牢建立新一代高水平拔尖创新人才培养的主阵地。

一、准确把握高校科研育人的时代内涵

随着时代的不断发展,高校已成为科技创新活动最为活跃的场所之一,在揭示世界前沿科学问题、承担国家重大研发任务、解决关键"卡脖子"技术等方面的地位日益提高。然而,在科学研究的作用和地位日益凸显的时代背景下,高校的另一个重要核心职能——人才培养,却逐渐与科学研究脱离,呈现一定程度的"科研漂移"和"教学漂移"迹象,特别是在科研活动过程中,对学生的科研理想、科学精神、学术道德、优良学风等方面的思想政治教育还存在很大不足。因此,将人才培养,特别是思想政治教育,融入科学研究全过程,通过开展科研活动来引导学生形成正确的世界观、人生观和价值观,提高学校育人、育才、育能、育德水平,是发挥现代高校基本功能的应有之义、落实立德树人根本任务的内在要求、培养拔尖创新科技人才的重要途径、提高教师队伍育人水平的有效模式。

(一)科研育人是发挥现代高校基本功能的应有之义

人才培养、科学研究、社会服务是现代高校的三大基本功能,三者之间相互依存,而科研育人正是将三者紧密联结的重要纽带之一。一方面,自 1809 年按照"洪堡原则"创建世界上第一所研究型大学——柏林大学开始,科学研究正式作为一种贯穿教学全过程的人才培养方式被引入到大学中,并在后续发展中逐渐成为高校的基本功能之一;另一方面,科学研究的最终目的是服务社会,而除了将研究成果用于社会之外,科学研究更为重要的职能是为国家和社会培养具有远大理想、科学精神和进取意识的优秀青年人才。正如习近平总书记在全国教育大会上强调的,科研育人是高校职能转变的必然要求,是学生成才的迫切要求,是改进德育工作的客观需求。

（二）科研育人是落实立德树人根本任务的内在要求

习近平总书记在全国教育大会上指出，要坚持把立德树人作为根本任务，坚持把服务中华民族伟大复兴作为教育的重要使命。寓思想政治教育于科学研究之中，正是落实立德树人根本任务的主要途径之一。通过参与科学研究，培养具有报国之德的爱国之人，是新时代高校的重要职责。

落实立德树人根本任务，践行科研育人重要职责，一是要培养学生树立科学报国、服务人民、回报社会的远大科学理想，二是要激发学生形成开拓进取、勇攀高峰、争创一流的创新进取意识，三是要引导学生磨炼不怕失败、顽强拼搏、越挫越勇的坚强科学信念，四是要督促学生养成求真求美、诚实守信、有节有度的学术道德规范，五是要教育学生传承淡泊名利、潜心研究、甘于奉献的高尚道德情操。

（三）科研育人是培养拔尖创新科技人才的重要途径

正如德国著名教育改革家威廉·洪堡所说，大学真正的成绩应该在于它使学生有可能，或者说它促使学生在他一生之中有一段时间完全献身于不含任何目的的科学，从而也就是献身于他个人道德和思想上的完善。学生在参与科研活动的过程中获得的个人体验、接触到的最新科学方法与仪器设备、认识和探索的未知科学领域，都将在他们内心深处形成难以磨灭的深刻印象，将为今后可能从事科学研究工作的学生树立起坚定的科学信念。

同时，在科学研究过程中，通过言传身教和自我体验所接受的思想政治教育，其效果将远超被动灌输下的思想政治教育，爱国主义情怀将厚植于心，敦促学生将个人奋斗融入中华民族伟大复兴，从而在实践中培养勇于担当民族复兴大任的接班人。

（四）科研育人是提高教师队伍育人水平的有效模式

科研育人是一种集前沿性、基础性、实践性、综合性于一身的新型育人模式，与其他育人模式相比，其有天生的独特性与不可替代性。新时代也对高校科研人员提出了更高的要求，不仅仅要做科学技术的创造者,更要做科学知识的传授者、科学精神的传播者。对于中青年科技工作者而言,通过全方位参与科研育人工作,不仅能优化对学生的培养,而且能帮助自己养成良好育人意识、树立正确目标导向、形成严格底线思维。

二、切实认识高校科研育人的现实困境

在新时期强调全员育人、全过程育人、全方位育人的时代主题下,部分高校科研育人的具体工作实践效果却不尽如人意,局限于简单片面的"科研+育人"模式,"科研至上"理念导致育人功能无法有效体现,科学研究活动与思想政治教育脱节,从而陷入实质上与科研育人正确理念相背离的现实困境。

(一)育人主体对科研育人的充分认识存在不足

作为育人主体,高校科研工作者,特别是硕士生导师与博士生导师,在开展科研与教学工作工程时,仍然无法将二者有机统一起来。一是对在科研活动中开展思想政治教育缺乏主动性。一项针对湖北省4所高校科研育人现状的调查显示,对于科研活动中的思想政治教育,60.5%的教师认为无所谓,8.2%的教师认为没必要,仅有31.3%的教师认为应该开展。二是对于学生开展科研活动的指导不足。高校中仍然存在从未参与指导学生的科研人员,成为了单纯的"为科研而科研"。同时,大部分本科生参与科研的深度不够,往往只能承担资料整理、简单实验、财务报销等技术含量较低的工作,无法培养应有的科学精神。三是重视成果产出,忽视人才培养。科研成果具有即时性、显著性和实用性,而人才培养往往具有长期性、间接性和滞后性,育人价值无法及时有效体现,导致育人动力不足。

(二)职能部门对科研育人的正确评价尚需形成

在现有的教师职称评价体制下,科研是比教学更容易出成果的加分项。受错误的"五唯"评价导向影响,功利主义与拜金主义冲击着高

校教师的价值观,教师往往对论文、专利、科研项目等能够以统一标准定量衡量的指标更为重视,对人才培养、思想政治教育等较难纳入定量考核体系的内容投入严重不足,陷入了科研是为了加分而教学却仅仅是为了完成任务的尴尬困境。由于毕业、升学、出国、找工作等需要,学生对参加科研活动往往也持一种功利心态,目的主要是丰富简历而不是锤炼科研水平。以上二者结合就导致参与科研活动的学生往往也会沦为科研成果高速产出的牺牲品,教师和学生变成"科研流水线"上的"工具人"。

(三)学校层面对科研育人体系的构建仍待完善

在新时代"三全育人"大背景下,高校管理层往往已经认识到科研育人的必要性和紧迫性,在日常的科研、教学管理工作中也逐步开始布局科研育人具体工作,但是顶层设计仍显不足。在单个环节上,科研育人已有一定程度的体现,但是在科学研究全链条层面,尚未完全覆盖与有效衔接,与全员育人、全过程育人、全方位育人的要求仍有一定距离,完善的科研育人体系尚未形成。

三、科学设计高校科研育人的实施路径

在高校积极开展"三全育人"工作的视角下,应明确高校科研育人的深刻时代内涵,理清高校开展科研育人工作的现实困境,以解决实际问题为导向,致力于有效提升高校科研育人水平,强化思想政治教育实效。

(一)切实深化思想认识,提高教师育人水平

要持续强化高校领导层、各级职能部门和基层教师对科研育人的思想认识,充分发挥各级育人主体的思想政治教育功能,推动科研育人工作常态化、多样化、广泛化和特色化,切实提高人才培养质量。

一是做好顶层设计。高校各级管理部门和教学组织要把科研育人摆在重要核心位置,提高政治站位,强化使命担当;深刻认识到高校并

非单纯的知识储备库,也不是简单的科技创新地,更不是纯粹的技能培训所,绝对不可沦为培育贪名图利、缺乏责任担当的"人才"的机构。

二是加强教育培训。教师队伍的师德师风传承、科研团队合作、科研实践指导对传承科学家精神具有榜样示范、集体引领和接续弘扬的重要作用,对促进学生价值观构建、职业生涯规划和科研专业训练具有重要影响。要强化对教师——特别是新引进的年轻教师——的正确引导,使其形成深刻的科研育人意识,认识到教师承载的"传播知识、传播思想、传播真理和塑造灵魂、塑造生命、塑造新人"的时代重任。各级职能部门要提供多层次、多角度、多形式的教师培训服务,通过广泛的交流、宣讲、现场研讨、专题学习、带教示范等方式,指导青年教师开展科研育人实践。

三是发挥典型作用。在日常的科研育人实践中,选树一批优秀的科研育人示范团队、先进个人、示范项目和典型案例,进行集中表彰与宣传,总结先进经验并推而广之。同时,要充分挖掘学校历史,特别是科研历史,回顾学校发展进程中那些甘于奉献的前辈先贤们的光辉事迹,为青年教师提供榜样的力量。

(二)坚决摆正评价导向,营造优良育人氛围

在积极开展科研育人实践的同时,要着力破除"五唯"错误评价导向,优化高校科研环境,努力营造风清气正的科研育人氛围。科学研究是一个长期过程,其育人效果也自然无法在短时间内达成,而是在参与科研的过程中逐渐实现"由科学达致修养"的目的。要发挥科研工作的育人作用,就必须认识到科研育人"慢工出细活"的特殊性,必须科学合理地评价科研育人的成效。

一是建立育人成效评价机制。首先,要坚决摆正评价导向,兼顾科研育人的显性效果与隐性作用,开展实事求是的质量评价而非单纯地比数量、拼排名、计算影响因子,让科研回归到为人才培养和社会服务提供有效支撑的基本职能上来。其次,要将科研育人纳入教师考核评价体系,科学制定评价细则,准确衡量工作成效,建立一套科学合理、系统全面的科研育人考核机制。最后,要运用好考核结果,使科研育人工

作评价结果与教师所关心的职称评定、绩效考核、评优工作紧密挂钩，并且对考核不合格的教师采取相应的处理措施。

二是完善学术失范惩罚机制。2017年，中国科协《科技工作者道德行为自律规范》规定，广大科技工作者要严于自律，坚持"自觉担当科技报国使命、自觉恪尽创新争先职责、自觉履行造福人民义务、自觉遵守科学道德规范"的高线，坚守"反对科研数据成果造假、反对抄袭剽窃科研成果、反对委托代写代发论文、反对庸俗化学术评价"的底线。对于出现数据造假、抄袭剽窃、代写与买卖论文等学术不端行为的教师和学生，要制定严格的惩罚机制，做到对学术失范行为的零容忍。

三是构建科研育人校园文化。在学生参与科研活动的同时，通过专题讲座、政策宣讲、主题党课、集中表彰、演讲比赛、大师剧展演、知识竞赛、专题展览、建立社团等多种形式，线上线下多渠道开展宣传工作，在校园内形成浓厚的科研育人校园文化，弘扬科学家精神，继承优良校园文化传统，引导学生形成坚定的科学信念。

（三）加强体制机制创新，努力完善育人体系

学校层面要继续做好统筹规划，不断创新体制机制，完善科研育人链条，拓展科研育人载体，打通科研育人渠道，着力加大支持力度，努力形成菜单化、模块化的全链条育人体系。

一是加强党的领导。高校要充分落实党对教育工作的全面领导，在党委的统一领导下开展包括科研育人在内的思想政治教育工作，自觉把科研育人纳入思想政治工作育人体系，出台符合校情的科研育人实施方案。同时，做好科研育人与课程育人、实践育人、文化育人、管理育人等其他育人体系的衔接和融合，真正做到全员、全过程、全方位科研育人。

二是搭建育人平台。高校要统筹校内外学术、实践和平台资源，充分利用校内各级各类科研平台、实验室、科研团队的学术优势，充分发挥大学生创新创业活动、"挑战杯"科创比赛等科研训练载体作用，充分打通相关政府组织、科研机构、行业企业等校外实践渠道，主动设立科研育人中心，为科研育人工作提供更全面的平台、渠道和经费支持。根

据科研育人中心的统筹安排,高校要与学生会、学生科研社团等建立合作,定期组织实验室开放活动,设立专门针对本科生的开放课题,鼓励校内各课题组设立开放组会,方便学生接触科研一线的新知识。高校要进一步有序开放各级各类实验室与科研平台,鼓励具有科研潜质的优秀本科生提前进入实验室,加入科研团队,开展系统科学研究。

三是实现全过程育人。高校要使科研育人的工作贯穿科学研究的全过程,以科研立项动机的方向性培养学生的科研理想和责任意识,以科研目标的选择性培养学生的创新精神和拼搏精神,以科研过程的艰难曲折性培养学生不畏艰难、越挫越勇的顽强作风,以科研工作的枯燥寂寞性培养学生潜心钻研、心无旁骛的坚强毅力,以科研团队的协同性培养学生的团队精神与合作意识,以科研程序的严谨规范性培养学生诚实守信的学术道德和严谨治学的求实精神,以科研方法的科学性培养学生正确的世界观和方法论,以科研产出的效益性培养学生树立正确的名利观和奉献精神。

四是形成组织合力。高校要构建科学合理的领导体制、有效运转的长效机制和多方协调的工作体系,建立健全规章制度,形成因地制宜、全面可行的科研育人总体工作规划,完善有组织科研育人体系,统筹党建、科研、教学、学工、宣传等条线共同开展工作,打好科研育人"组合拳"。

"00后"大学生校训精神培育现状与实践养成路径研究

上海海洋大学学生工作部(处)／董韩博

大学校训精神糅合了高校的立学初衷、人文精神、文化沉淀和治校精神,蕴含了社会主流价值观念的丰富内容和实践要求,赋予高校以渊源、品格、思想的校园精神范畴的文化形态,是高校"精气神"和"育人纲"的集中体现和具体展现。开展大学校训精神培育工作有助于充分挖掘校训精神中的思政元素,升华校园活动德育内涵,发挥高校校训精神的思想政治教育功能,实现大学生校训精神从情感认同到行为习惯的落实。"00后"大学生作为新时代中国青年,是实现"两个一百年"奋斗目标的中坚力量,研究和探索"00后"大学生校训精神培育现状与实践养成路径具有重要的现实意义和深远影响,也是高校开展校训精神文化育人的重要课题。

一、"00后"大学生校训精神培育的时代价值

(一) 开展校训精神培育是高校夯实立德树人根本任务的现实需求

人无德不立,育人的根本在于育德,习近平总书记在全国高校思想政治教育大会上提出,"要把立德树人作为根本任务,将其融入教育各

环节,贯穿教育各领域",高校开展立德树人工作的核心在于树人,树人的基础在于立德。校训精神是大学文化的凝练,糅合了高校的人文精神和文化沉淀,是高校引导"00后"大学生树立正确价值观,补全精神之"钙"、端正奋进之"锚"的重要法宝。深入挖掘校训精神的德育元素和思政内涵,使其有机融入教育教学服务各环节,贯穿教育教学全过程,注重大学生品德修养和知识见识协同提高,为高校夯实立德树人根本任务注入精神源泉。因此,引导"00后"大学生领悟校训精神之义,内化校训精神内涵,打牢理想信念根基,是高校夯实立德树人根本任务的重要先行条件。

(二)开展校训精神培育是践行社会主义核心价值观的内在要求

社会主义核心价值观是当代中国精神的集中体现,凝结着全体人民共同的精神追求和价值导向。中共中央、国务院印发的《关于新时代加强和改进思想政治工作的意见》强调:"加强教育引导、实践养成、制度保障,推动社会主义核心价值观融入社会发展和百姓生活。"青年的价值取向影响社会的价值走向,"00后"大学生是新时代青年的重要组成部分,大学教育时期是其价值观形成和确立的关键时期,抓好"00后"大学生价值观培养和引领至关重要。校训精神和核心价值观具有共同的生成源码与文化根基,二者在文化底蕴和价值旨归等方面具有高度的契合性,校训精神内涵富含中国特色的社会主义核心价值观的重要组成要素。深入挖掘校训精神的德育元素,开展校训精神培育工作,是社会主义核心价值观宏观内容日常化、具体化、形象化的集中体现,对于推进和强化"00后"大学生对社会主义核心价值观的文化认同、价值内化和自觉践行具有重要作用。

(三)开展校训精神培育是实现中华民族伟大复兴的必然要求

新青年担当新使命。习近平总书记指出,实现中华民族伟大复兴的中国梦,必须依靠知识,必须依靠劳动,必须依靠广大青年。当下是近代以来中华民族发展的最好时期,也是实现中华民族伟大复兴的关键时期。"00后"大学生风华正茂、生逢其时、重任在肩,是现代社会主义事业的建设者和接班人,是实现"两个一百年"奋斗目标的中坚力量。"00后"大学生应当将个人理想抱负融入国家理想,将个人发展与国家发展、社会需求相联系。因此,加强"00后"大学生校训精神培育是对高校思想政治教育工作"怎么培养人"这一根本问题的深刻回答。因此,要基于学生发展需求和现实期待,深入挖掘、充分发挥校训精神的德育功能,以相关媒介平台和活动载体为依托,注重大学生校训精神个人感知和深入领悟,引导大学生树立远大抱负和崇高的社会主义远大理想,不断为实现中国梦伟大工程注入新鲜血液,强化为党育人、为国育才的育人导向。

二、"00后"大学生校训精神培育的现状分析

(一)"00后"大学生校训精神培育目标缺乏明确性

校训精神是高校文化育人的重要范畴,是高校第二课堂素质教育、第三课堂网络思政中圈育人的重要内容。合理规划设立校训精神培育目标对校训精神培训实践活动开展和培育体系构建具有重要作用。在培育学生校训精神的过程中,培育学生校训精神内容认知认同是前提,只有具备清晰的校训精神内容认知,才能心中有光;培育学生校训精神内涵情感认同是纽带,只有存在强烈的校训精神情感依附,才能脚下有根;培育学生校训精神行为认同是目的,只有践行正确的规范行为,才能知行合一。但是,部分高校开展校训精神培育,多存在为了培育而培育的现象,缺乏对为谁培育、如何培育的思考,校训精神培育目标太过空泛且缺乏层次性,大部分校训精神培育活动呈现形式化特征,注重对校训精神字面意思的浅显诠释,忽略了对校训精神的横向内涵性普及和纵向阶段性培育,从而易使高校培育主体在校训精神培育活动开展时出现理论学习和具体实践要求不均衡、方向不明确、培育深度欠缺等问题。

(二)"00后"大学生校训精神培育机制缺乏完整性

高校的育人资源和育人模块内容丰富、分布广泛,高校各育人模块

和育人要素的有效联动、统筹协调,对于夯实校训精神思政元素的内涵式挖掘和文化熏陶的全覆盖德育工作具有重要作用。但是,高校校训精神协同培育工作存在横向贯通不畅的问题,作为高校培育主体的思政部门上演独角戏,高校其他部门在校训精神协同培育工作中缺位,高校校训精神培育体系中的各培育主体和培育环节缺乏有效衔接,尚未形成工作合力。同时,"00 后"大学生思想活跃、个性鲜明,个人需求与心理状态呈现阶段性动态变化,部分高校的校训精神培育内容规划侧重于低年级,缺乏精准性个体培育、系统性阶段培育和内涵式根植内化。此外,部分高校的校训精神培育工作没有形成评估体系,缺乏对校训精神培育成效的有效评估,从而导致校训精神培育工作年年千篇一律,缺乏时代特色,没有做到因时而进、因时而新,进而导致部分"00 后"大学生的校训精神自我认知主动性不高、外化实践内涵性不强。

(三)"00 后"大学生校训精神培育方法缺乏实效性

随着社会的进步和时代的发展,"00 后"大学生日益思想开放、个性突出,群体文化认知呈现出以开放多容为特点的多元共融和以趣缘社交为特质的小众分化,二者兼有、相互并存。网络信息的快速传播和大数据技术的广泛应用共同促成了部分"00 后"大学生"信息茧房式"的群体认同,注重兴趣和个人自由发展,从而对校训精神培育方法的创新性和时代性提出了新的要求。目前,部分高校对"00 后"大学生的校训精神培育方法比较单一、创新力度不足、宣传范围不广,校训精神培育实践活动和理论讲授效果叠加效应不显著,在组织活动时,只关注学生的参与度,存在校训精神实践培育环节落实不力的现象,缺乏对校训精神培育活动功能发挥效果的有效评估。

三、"00 后"大学生校训精神的实践养成路径

(一)注重校训精神个人思想认知和外部环境浸润相统一,提高"00 后"大学生的认同感和感受度

大学生校训精神的实践养成是一个动态发展过程,主要体现为习

得接收、以知促行、内化成德等三个环节,逐步实现从认知认同、情感认同到行为认同的渐进式变化。大学生校训精神的实践养成要实现内化于心、外化于行,需要个人高度的认识自觉和浓厚的外部环境熏陶,高校应加强对"00后"大学生校训精神的培育工作,注重显性教育和隐形教育相结合,注重理论教育和环境熏陶相结合。一是发挥课堂教学主渠道作用,以课程教育为主体,融入高校的校训精神概念和底蕴内涵,把理想层面的精神指引融入第一课堂的知识教育,发挥思想政治教育体系的协同创新作用;根据"00后"大学生的思想政治教育规律和个人成长规律,在教学中明确大学生应具备的重要品格和关键能力,突出高校的校训精神在个人层面、社会层面、国家层面的价值取向和文化内涵。二是基于文化教育浸润活动和网络教育新空间,开展第二课堂的课外实践活动,注重校训精神"润物细无声式"内涵性文化浸润,借助"00后"大学生喜闻乐见的媒体传播平台和文化活动载体,创新意识形态传播方式,利用校园广播、抖音、微信公众号、校报校刊等载体,在入学季、毕业季、重要传统节日开展校训精神普及和内容深化展示活动,实现校训精神内涵从抽象到具体的话语转变和生动呈现,增强"00后"大学生对校训精神的思想感悟和内涵领悟。

(二)注重校训精神培育横向贯通和纵向连接相统一,提高"00后"大学生的责任感和向心力

第一,突破固有的教育实践观,推动校训精神内涵融入"三全育人"体系,实现一体化纵向衔接,扩大校训精神培育工作溢出效应。一方面,遵循由浅入深、循序渐进的校训精神培育原则,打破育人主渠道第一课堂与素质教育第二课堂的藩篱,从宏观层次将校训精神培育工作融入高校培养各个环节,坚持知识性与价值性、层次性与渐进性相统一,贯穿"00后"大学生高等培养教育全过程;另一方面,基于"00后"大学生不同学习阶段的个人心理特质和成长需求,遵循思想政治工作规律、教书育人规律和学生成长规律,设立相匹配的校训精神培育目标,引导"00后"大学生在低年级树立远大抱负、明确奋斗目标,在高年级注重职业教育,使"00后"大学生将个人理想抱负和就业选择融入国家发展。第二,深入挖掘、充分融入校训精神育人内涵,构建校内培养场域与社会实习基地的校训精神培育协作育人环境。高校要整合优化校内不同部门、不同领域育人主体的文化育人资源,梳理和挖掘校训精神育人要素,注重发挥两大教育场域、不同育人主体的协商互补作用,形成高校和社会实践基地相协同的横向育人机制;同时,抓好学生骨干的校训精神培育工作,注重朋辈示范引领和同伴认同效应,充分利用学生干部在校训精神传播过程中的亲和力和认同感,强化提升校训精神德育的潜移默化和润物无声之特征。

(三)注重校训精神工具理性与价值理性相统一,提高"00后"大学生的获得感和满意度

"00后"大学生的获得感和满意度,从个人发展和奉献祖国两个层次出发,分别为服务个人发展的工具理性和实现社会价值的价值理性。第一,要挖掘与塑造校训精神在满足个人发展和献身国家事业两种利益需求方面的契合点,提升校训精神对"00后"大学生的吸引力和感染力。"00后"大学生对校训精神的理解和认同不仅停留在其是否具有亲和力,他们更在意其是否可以解决自己当下所面临的问题。因此,在关注"00后"大学生普遍需求的同时,也要注重特殊群体的个性需求,协调好个人需求和公共需求、当下需求和长远需求的关系,注重实践活动和帮扶活动对校训精神的反复强化,推动"00后"大学生对校训精神由知到行的实践内化。第二,情感认同是促进"00后"大学生校训精神实践养成的关键环节,要塑造校训精神情感体验的契合点,提升校训精神对"00后"大学生的引领力和感染力。可以通过树立校训精神发扬先进个人,使校训精神更加外显化、人格化和形象化,激发大学生的现实情感,强化"00后"大学生对校训精神的价值认同和践行自觉。

龙舟文化育人融入高校思政教育的路径研究

上海海洋大学体育部 / 贺越先

前言

2022 年 10 月，在党的二十大上，习近平总书记强调："我们要坚持教育优先发展、科技自立自强、人才引领驱动，加快建设教育强国、科技强国、人才强国，坚持为党育人、为国育才，全面提高人才自主培养质量，着力造就拔尖创新人才，聚天下英才而用之。……育人的根本在于立德。全面贯彻党的教育方针，落实立德树人根本任务，培养德智体美劳全面发展的社会主义建设者和接班人。坚持以人民为中心发展教育，加快建设高质量教育体系。"

我国高等院校肩负着培养和造就新时代人才的重任，对落实立德树人根本任务有着不可推卸的使命和责任。那么，怎么落实立德树人的根本任务？怎么进行高校思政教育？最主要的是要有抓手和切入点。"中华民族几千年来形成了博大精深的优秀传统文化，我们党带领人民在革命、建设、改革过程中锻造的革命文化和社会主义先进文化，为思政课建设提供了深厚力量。"习近平总书记的讲话精神为新时代高校思政教育提供了方向指引。

正是在这种大背景和新时代要求下，随着传统文化的回归，民族传统体育项目开始走进校园,龙舟作为独具特色的民族传统项目纳入高校体育课程之中。所以,如何以优秀的中华优秀传统文化来涵养高校文化,如何将中华优秀传统文化的教育元素融入高校思政教育,实现知识与技能、理论与实践、情感态度与价值观的贯穿整合,达成立德树人的润物细无声效果,是一项重要的育人课题。

有鉴于此,本书采用文献分析、归纳演绎等方法,尝试从龙舟文化的实质与价值、思政教育的现状与难点、实现方法与路径等方面对龙舟文化融入高校思政教育建设展开深入研究,试图通过龙舟文化来打造高校课程思政的教育品牌,在一定程度上弥补当下高校思政教育存在的一些不足;同时,通过对优秀传统文化的回望,带来文化的认同、思想的启迪、精神的激励,提升当代大学生的文化自觉,从而增强文化自信,最终实现文化自强。

一、中华传统龙舟文化的实质

文化包括三个层面,即物质文化、制度文化和精神文化。人们通常所说的精神文化,只是狭义上的文化。

龙舟有着悠久历史和深厚文化底蕴,是中华优秀传统文化的重要组成部分。与其他体育项目相比,龙舟是我们民族文化的集大成者。在每一条龙舟上,我们都能看到风俗、传承、民族融合、文化底蕴的影子。龙形为舟是龙舟运动的物质载体,龙舟竞渡是龙舟运动的表现形式,约定俗成是龙舟运动的行为制度,龙舟精神是龙舟运动的精神动力,文化认同是龙舟运动的发展之本。

龙舟融中华民族传统的竞技文化、祭祀文化、服饰文化、歌舞文化、饮食文化等多种文化于一体,在竞赛形式、器材、服装、活动意识等方面展现了丰富的民族元素。龙舟以外达内,蕴含的"同舟共济 一往无前"的体育精神、"顽强拼搏 奋勇争先"的进取精神、"排除万难 团结奋进"的合作精神和"精益求精 知行合一"的实践精神等已经超越了龙舟运动本身,由有形的身体活动促进无形的精神升华,承载了较多的中华民族精神,是龙舟文化内涵的真实写照。

龙舟进入高校,成为课程思政的一个载体。在新时代高校教育中,中华传统龙舟文化的实质是蕴含着美的熏陶、情的引导、运动体验、道德教化、生态教育等,而这些都非常符合当下所提出的"五育并举"思政教育理念。

二、龙舟文化育人在思政教育上的优势和价值

(一)让龙舟的技能学习上升到项目教育

与高校开展的其他体育项目相比,龙舟不仅是喜闻乐见的传统活动,且更具有民族性和传统性,也更能唤起青年学子的爱国情怀和感情。以端午赛龙舟为例,划龙舟比赛不仅仅是作为一项体育娱乐项目来开展,更是以龙为图腾,祈求风调雨顺,保佑一方平安,同时将对爱国诗人屈原的永久纪念作为一种文化情怀来颂扬。龙舟文化是中华民族过往的一种生活方式,承担着传承中华优秀民族文化的使命,其尊崇自然、以人为本、同舟共济的行为理念和价值取向,与我国不同地方划龙舟的语言习俗、岁时节令、伦理道德、宗教信仰、思维方式等紧密联系在一起,折射并蕴含着中国传统文化的精髓与内涵。让大学生在情境内学习龙舟的运动技能和感受龙舟文化,才能更好地培养大学生对本民族传统文化的认知和认同,继而产生文化自觉,既激发大学生的民族自豪感,又增强大学生的健康体魄。高校应充分利用中华龙舟文化的思想道德精髓在青年大学生价值观确立、道德修养提升、高尚人格塑造等方面的价值,让龙舟运动在文化中舞动,实现对优秀传统文化的创造性转化和创新性发展。

(二)补充体育课程在高校思政教育教学中的相应作用

长期以来,高校体育课程更关注的是对学生身体素质、体质健康、运动技能等物质层面的教学,而对学生的文化修养、品德陶冶、思想升华等精神层面的教育则较为单薄。高校应将中华传统龙舟文化纳入教学体系,以传统龙舟项目为抓手,充分结合中华优秀传统中的文化自信教育,深入挖掘龙舟课程中的思政要素,使体育课程配合学校思政教育

的导向和要求,丰富高校思政课的课程内涵;同时,通过龙舟文化,贡献体育学科在高校思政教育教学中的智慧与力量,更好地满足高校思政课的课堂教学方式改革创新之客观需求,更积极有效地践行"思政育人""以体育人""以德育人"等理念。

(三) 探索民族传统体育文化在高校教育中的现代价值内涵

"民间文化是中华民族精神和情感的重要载体,是民族亲和力和凝聚力的核心。"高等教育阶段是青年学子的人生观、价值观和文化观塑造成形的重要教育阶段。龙是中华民族的象征,我们是龙的子孙。在当前思想意识和社会思潮多元化的大背景下,高校可以尝试将中华传统龙舟文化的精神实质展示出来,对其具有的历史价值、文化价值、教育价值和普世性文化精髓进行提炼。积极弘扬和推广承载着中华民族情感与力量的龙舟文化教育,既可以增强高校师生对中华优秀民族文化传统的自信心和自豪感,也有助于高校思政教育积极转化思想与凝聚共识来增强和巩固高校主流意识形态的竞争力,提升高校思政教育工作的质量和生命力,落实立德树人根本任务,实现当代大学生的"四个自信"。

三、龙舟文化育人在高校思政教育中的现状

围绕大学生对中华传统文化的认知、认同与践行情况所开展的问卷调查和调研发现,近些年,在全球化、信息化和网络化的背景下,一方面,思想文化多元化已不可避免,高校思政教育不断面对着不同的思想浪潮的挑战;另一方面,一直以来,教育在对学生文化自觉、文化自信和文化自强的培养上缺位,导致学生没有机会接触或只是粗浅地接触民族传统体育文化。

"一代代以接受西方体育为主要内容的教育过程,逐渐使当代社会的主流人群对自己民族传统体育的存在形式、内容及文化内涵产生了隔阂。"虽然很多高校目前也开展龙舟、武术、太极拳等民族传统体育项目,但与占据绝对优势的西方体育项目相比仍是黯然失色。同时,随着

全球化进程的高速演进及域外文明的强势冲击,很多大学生对传统文化知之甚少或认知程度浅薄,对外来文化却很了解。

目前,龙舟文化育人在高校思政教育中存在的问题包括:有关龙舟文化的内容不够全面,主题也较为单一;部分教育者对龙舟文化融入教育感到乏力,教学的方法与手段不够灵活多样;教育理念陈旧,教学方式是被动传授和灌输;龙舟文化融入教育的渠道比较狭窄;龙舟文化融入高校教育之环境的创设不完善;高校思政教育过于传统,与现实内容的联系不够紧密等。基于上述问题,学生有时对龙舟文化育人难以接受或有意排斥,不能充分地在思政教育氛围下,找寻到传承中华传统文化的着力点。

四、龙舟文化育人融入高校思政教育的路径

中华优秀传统龙舟文化育人融入高校思政教育,需要切实提高龙舟运动及其文化的影响力,影响力越大,思政教育效果就越好。

(一)完善龙舟体育课程的教学设计,强化师生对龙舟文化的认同感

体育课程是高校思政教育中的重要育人学科之一。一方面,学生只有具备良好的体育文化品质,才能全身心投入到体育运动中;同样,学生只有全身心投入到体育运动中,才能培育良好的体育文化品质。另一方面,只有教师自身对本民族体育文化产生深刻认同,才能在教学过程中把这种认同传递给所教的学生。因此,龙舟课程教学不仅需要加强对高校体育教师的龙舟文化认同之培养,而且需要完善教师对龙舟教学在思政上的教学设计。高校要充分挖掘龙舟教学所蕴含的互帮互助、同心协力、不断挑战自我等德育元素,改变传统教学方法,多采用集体性、协作性、比赛性练习,创设有效教学情境,将龙舟运动项目中的文化元素与学练方式融为一体。学生在龙舟运动的技能学习过程中,只有充分感受到龙舟项目的文化核心价值,获得必要的知识与技能,才能内化和认同龙舟文化精神,否则只是蜻蜓点水,收效甚微。换言之,

学生只有掌握正确的方法与技能,才能在运动中收获良好的情感体验,感受到龙舟文化的育人价值,从而对中华龙舟文化产生认同感。

(二) 开展各类龙舟活动和比赛,培养大学生对龙舟项目的兴趣

目前,龙舟活动和比赛不仅仅是作为一项体育娱乐项目来开展,更是将对爱国诗人屈原的永久纪念作为一种文化情怀来颂扬,从而丰富了高校思政教育的内容和形式。对龙舟的传承和发展,已经远远超出风俗与习俗的范畴。高校将龙舟项目作为品牌来大力发展,是将民族传统体育项目融入民俗文化的历史长河中,既丰富了校园民俗活动的文化内涵,又拓宽了传统体育的娱乐外延和教育价值。在校内外开展各级各类龙舟活动和比赛,不仅可以让大学生在活动中培养对龙舟项目的兴趣,亲身感受龙舟文化厚重的人文精神,潜移默化中接受传统龙舟文化思想的熏陶,自觉承担起时代所赋予的社会责任,将中华龙舟文化发扬光大,而且可以通过展示龙舟文化历史发展中的文物原件,让历史与现实、光荣与梦想交织,从而进一步增强大学生实现体育强国梦的信心和斗志。

(三) 增加校内外对龙舟文化的普及宣传和推广,明确龙舟入奥的意义

龙舟发展到今天,不仅仅是一项体育竞技运动,更承载着传承中国传统文化的历史使命。纵观 125 年的国际奥林匹克发展史,结合 2022 年的东京奥运会设置的 33 个大项和 339 个小项,我们会发现竟然没有一个项目是由中国申报入奥的。高校要通过开展龙舟项目,贴合现实地为青年学子讲述中国故事,阐明入奥的本质就是在国际体育组织中拥有话语权,能有力地发出我们自己的声音。龙舟是我们中华民族的图腾,通过普及龙舟文化、扩大龙舟运动的受众群体,能够让更多人了解龙舟文化、热爱龙舟运动、参与龙舟赛事。龙舟一方面凝结了中华民族团结奋进的精神财富,另一方面又承载起了带着中国传统体育竞技项目入奥的光荣使命。在高校思政教育中,我们要从龙舟的历史与文化中汲取营养,通过对龙舟文化的普及和宣传,重新建构符合天时、地

利、人和的龙舟入奥使命,清晰地向大学生传递出龙舟入奥的决心和信心,以龙舟入奥彰显我们体育强国的风采,让龙舟文化成为中华优秀文化软实力的重要载体。当代大学生应当承载历史赋予的神圣使命,让中华优秀的龙舟文化走出国门,走向世界。

(四)建设教学实践基地,通过校社合作来增加影响力

高校应建立足够多的龙舟教学实践基地,让更多的大学生进入到基地进行实践和学习;有意识地培育这个中华民族自身的传统民俗品牌,举办一些具有品牌效应的活动,理论与实践相结合,让更多的人了解龙舟文化的渊源和根基;开发校社合作模式,增加影响力,营造龙舟运动的社会大环境,吸引各种力量和资金来参与龙舟文化育人。在高校创设体现中华传统龙舟文化精神实质的思政实践基地,可以切实有效地使龙舟运动融入高校课程思政,传承和保护民族传统优秀文化,陶冶情操,使大学生更加热爱自己的国家,实现以龙舟文化培育时代新人的教育目标。

(五)创新龙舟文化交流及传播方式,建立"走出去,请进来"的模式

在信息全球化的今天,每种文化都很容易受到其他文化的干扰。对龙舟文化的创新不仅会在世界文化大家庭中标新立异,同时也会增强青年学子对龙舟文化的兴趣,从而使龙舟文化得到更好的传播。著名传播学家麦克卢汉曾说:"媒介即讯息。"因此,在高校思政教育中,要积极利用新媒体,创建思想教育新平台。通过微信、微博、抖音等新媒体,加强民族传统体育文化的推送,构建培育新时代大学生体育文化认同的网络平台,持续增加龙舟文化的普及宣传和推广,通过媒体网络舆论平台来深化龙舟文化在高校思政教育中的意义和价值。同时,在与外来文化交流和学习的过程中,要体现出龙舟文化应有的文化价值,对外来文化发展好的方面则积极"请进来";在交流的过程中,也要制定保护好龙舟文化"走出去"的相关政策,不断调整高校的文化结构,使龙舟文化更好地融入高校的文化氛围,适应当下社会的发展。

（六）编写体现中华传统龙舟文化精神实质的思政教材，创建现代高等教育的文化品牌

要以优秀的中华文化传统来涵养高校的文化品牌。在深入挖掘龙舟文化的思想政治教育元素和资源的基础上，可以将原有的一些教学模式与教学方法改造成为龙舟课程思政建设所需要的资源和要素，在编写新教材时坚持与时俱进，用创新的思维和开放的胸怀去传承与发展。认清和做好这一点，对我们确立文化自信，打造高校课程思政的教育品牌会起到很大的作用。龙舟文化是以具象化的形式呈现在高校师生面前的，让我们以时代精神激活中华优秀龙舟文化的生命力，用文化凝心聚力，为高校教育发展注入精神力量。

五、结论

中华优秀传统文化是中华民族的命脉和灵魂，传承优秀传统文化日益成为当今社会的共识。高校是文化传承的重要场所，是文化创造与实践的载体。当代大学生肩负历史重任，是继承和弘扬中华优秀传统文化的主力军，他们只有普遍理解、接受和掌握了中华龙舟文化，才会认同中华龙舟文化。针对推进中华优秀龙舟文化融入高校思政教育，本文提出了几条路径，但我们要做的不仅仅是让中华优秀龙舟文化融入高校思政教育，而是让高校师生都认同中华优秀龙舟文化。这种认同一旦形成，便会成为一种强大的精神力量，促使人们产生强烈的归属感和自豪感，并在日常生活中自觉遵循，做到内化于心、外化于行，最终主动承担起保护、传承、发展、创新和传播中华龙舟文化的历史使命。高校要从文化传承中汲取奋进力量，实现以龙舟文化为代表的中华民族优秀传统文化在文化认同、文化传承和文化育人方面的良性循环，打造新的体育文化高地，最终实现强国梦。

网络育人

网络育人视角下大学生网络表达的引导与教育研究

上海海洋大学信息学院 / 吴兴识

网络空间是人民群众共同的精神家园,清朗网络空间是人心所向。党的十八大以来,网络生态治理工作持续推进,取得了一定的进展,各相关部门将网络强国的重要思想深入贯彻落实,网络生态治理走上法治轨道,网络生态环境得到改善。但是,网络空间仍然会有新的怪象乍然显现,仍有新问题与新挑战需要面对和解决。

大学生是网民的重要组成部分,维护网络清朗也是大学生应有的责任,如何引导大学生端正思想认识,正确行使在网络领域的表达权,共建良好清净的网络空间,是思想政治教育工作的重要课题。"青年是整个社会力量中最积极、最有生气的力量,国家的希望在青年,民族的未来在青年。"只有组织好、引领好、教育好青年大学生,才能为网络强国的建设和发展提供不竭动力。

一、大学生网络媒介素养提升的重要意义

习近平总书记于 2016 年在网络安全和信息化工作座谈会上进一步深化了网络强国战略内涵。党的十八大以来,习近平总书记在网络强国方面作出很多重要论述,并汇编成《习近平关于网络强国论述摘

编》,形成习近平网络强国战略思想,为我国发展互联网作出重要指导。为净化网络空间环境,促进网络生态健康发展,各相关部门加大网络空间综合治理力度。一是出台相关法律法规,规范互联网信息内容;二是整顿网络舆论环境,打击网络空间不法行为;三是构建良好的网络生态环境,促进网络文明建设。全国网络举报部门和网站共受理网民举报1.38亿件,中国互联网联合辟谣平台发布各类辟谣信息1.4万余篇。截至2020年底,共受理网民投诉举报1.7万余件,对4万余款App进行了检测评估,公开通报超过556款违法违规收集使用个人信息的App。网络空间通过综合治理,更加清净明朗。

大学生既是网络环境的受众,也是发起网络行为的主体之一,提升大学生网络媒介素养对大学生网络思想政治教育工作具有重要意义。

(一) 大学生网民应以遵守网络传播秩序为底线

网络空间并非法外之地。任何人在网上发表言论、开展网络活动,都需要遵守国家的法律法规与网络公约,不得扰乱网络空间基本秩序,更不得以网络为媒介从事违法行为,这是任何公民或组织都不可逾越的底线与红线,大学生作为网络的使用者也没有任何例外。目前,网络空间治理有序推进,已经步入法治化轨道,相关法律法规先后出台并逐步完善,网络空间治理有法可依格局逐步形成。各大网络平台也根据自身需要制定平台公约,以期网民的网络行为能够在法治的轨道上运行。在网络空间,任何触碰法律底线的行为都将得到惩戒。可见,大学生的网络行为是受到各类法律法规约束的,而大学生的网络相关法律法规的教育却可能是缺失的,对大学生进行网络行为的思想教育是高校思想政治教育工作的应有之义。

网络空间相关法律法规汇总表

实施时间	条例名称
2000 年 9 月 25 日	《互联网信息服务管理办法》
2012 年 12 月 29 日	《全国人大常委会关于加强网络信息保护的决定》
2017 年 6 月 1 日	《中华人民共和国网络安全法》

续　表

实施时间	条 例 名 称
2017 年 6 月 1 日	《互联网信息内容管理行政执法程序规定》
2017 年 6 月 1 日	《互联网新闻信息服务管理规定》
2018 年 3 月 20 日	《微博客信息服务管理规定》
2020 年 3 月 1 日	《网络信息内容生态治理规定》
2021 年 2 月 22 日	《互联网用户公众账号信息服务管理规定》
2021 年 5 月 25 日	《网络直播营销管理办法（试行）》
2021 年 9 月 14 日	《关于加强网络文明建设的意见》
2021 年 9 月 15 日	《关于进一步压实网站平台信息内容管理主体责任的意见》
2021 年 9 月 19 日	《关于加强互联网信息服务算法综合治理的指导意见》
2021 年 11 月 23 日	《关于进一步加强娱乐明星网上信息规范相关工作的通知》
2021 年 12 月 20 日	《互联网宗教信息服务管理办法》
2021 年 12 月 28 日	《网络安全审查办法》
2021 年 12 月 31 日	《互联网信息服务算法推荐管理规定》
2022 年 3 月 30 日	《关于进一步规范网络直播营利行为促进行业健康发展的意见》
2022 年 6 月 14 日	《移动互联网应用程序信息服务管理规定》
2022 年 7 月 7 日	《数据出境安全评估办法》
2022 年 9 月 9 日	《互联网弹窗信息推送服务管理规定》
2022 年 11 月 4 日	《关于切实加强网络暴力治理的通知》
2022 年 11 月 16 日	《互联网跟帖评论服务管理规定》

部分网络不当言论获得处罚的案例

时间	平台	言论	处理结果
2021 年 10 月 7 日	微博	网民"罗某平"在新浪微博发布侮辱抗美援朝志愿军英烈的违法言论,造成恶劣影响。	涉嫌侵害英雄烈士名誉、荣誉罪|刑事拘留

时间	平台	言论	处理结果
2021 年 10 月 8 日	微信群聊	张家口一男子微信群里诽谤他人,说"某苗圃,抢占铁路保护区、线路保护区"。	公然辱骂他人或捏造事实诽谤他人｜拘留十日
2021 年 10 月 30 日	微信朋友圈	"希望这个瘟疫能维持久点儿和能死更多的人。永远都好不起来那种!""看我不顺眼的人,我都弄死他——我压根儿也没看你。"	寻衅滋事｜拘留
2021 年 11 月 4 日	微信朋友圈	孙某在微信朋友圈发布的消息丑化了王某和吴某的人格。	侮辱、诽谤、污蔑｜赔偿精神损失费

(二) 大学生网络行为应以正确的价值观为引领

网络具有平等性与开放性,但个人的网络信息又具有隐匿性,从而导致网络上存在一些虚假的、负面的、恶意的,甚至违背法律、道德及公序良俗的反面信息。网络反面不良信息会严重影响网络道德风气建设,对大学生的价值观会产生不良的影响,尤其是对刚刚进入大学的新生长期的思想发展产生负面影响。部分学生缺乏社会经验,还没有形成稳定的、正确的价值观,如果辨别是非能力、独立思考能力、道德约束能力较弱,则会陷入扭曲自我的旋涡,甚至部分学生在不自觉的情况下被人利用,成为了负面网络信息的传播者。同时,过量的信息充斥网络,部分大学生容易被信息迷惑,自我认同感逐渐缺失,造成目标价值混乱。因此,引导学生正确面对网络言论和网络信息是十分必要的。

随着数字经济的快速发展,网络水军、电商、网红直播等一系列新兴网络职业相继出现,在经济社会发展迎来新的机遇和挑战的同时,也对大学生的消费观、恋爱观、择业观、价值观造成深度冲击。在此背景下,如何引导学生正确认识新兴职业,如何引导学生正确认识网络生态环境和数字经济,如何给予大学生正确的思想价值引导,是思想政治工作面临的新课题。

部分网络平台为了高效率地获取高回报,毫无底线地制造充斥着低俗趣味的网络产品,包括存在违反道德和公序良俗信息的网络游戏、网络直播、网络文章等,而部分大学生基于猎奇心理尝试这些产品,因缺乏自控能力,沉迷网络,严重影响日常学习生活。引导大学生正确对待兴趣与人生价值,抵制低级趣味,是大学生思想教育的一项重要工作。

(三) 大学生参与网络应以网络强国建设为己任

2017 年 2 月 27 日,中共中央、国务院印发《关于加强和改进新形势下高校思想政治工作的意见》,指出"要加强对校园各类思想文化阵地的规范管理,加强校园网络安全管理,营造风清气正的网络环境","要加强互联网思想政治工作载体建设,加强学生互动社区、主题教育网站、专业学术网站和'两微一端'建设,运用大学生喜欢的表达方式开展思想政治教育"。2017 年 12 月 4 日,中共教育部党组制定《高校思想政治工作质量提升工程实施纲要》,指出要"强化网络意识,提高建网用网管网能力,加强师生网络素养教育,编制《高校师生网络素养指南》,引导师生增强网络安全意识,遵守网络行为规范,养成文明网络生活方式"。网络空间健康有序发展深深影响着我国的文明建设进程,影响着人民群众深层次的精神文化需要的满足。因此,需要引导广大的大学生网民坚持社会主义核心价值观,将网络强国建设视为己任,共同推进网络道德建设,共同引领网络空间文明建设。在此背景下,推进大学生提升网络素养、增强网络安全意识、强化网络文明建设责任就成为思想政治教育工作的重要内容。

二、大学生网络表达的现状及其分类

网络表达,是以网络为媒介,以直接或间接、明示或潜在的方式,以物、事、情、理等为内容,将思维活动的结果显现出来的行为。截至2021 年 6 月,我国网民规模为 10.11 亿,20—29 岁的网民占 17.4%。大学生身份的网民是我国网民非常重要的组成部分,对大学生网民的网络表达进行研究,有助于开展行之有效的思想教育工作,进而推动营造清朗文明的网络空间。

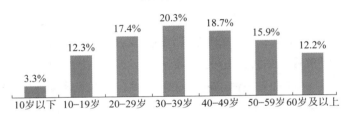

来源：CNNIC中国互联网张发展状况统计调查　　　　2021.6

我国网民年龄结构

（一）大学生网络表达的研究述评

大学生网络表达的研究涉及多个学科的理论知识，学者从心理学、语言学、政治学等不同学科视角切入，对大学生网络表达的内容和特点进行了深入研究。通过对文献的梳理发现，目前研究集中于大学生网络语言特点的研究（如网络热词、表情包、缩略词等）、大学生网络表达情绪的研究（如社交媒体个人情绪、网络情绪表达差异、社交网络使用动机等）、大学生网络参政的研究（如大学生网络政治参与意识、大学生网络政治参与途径、大学生网络政治参与发展趋势等）。

总体而言，对大学生网络表达的课题研究还处在起步阶段，各学科视角的研究均通过单一视角进行理论分析，没能通过交叉学科视角进行系统分析,更鲜有学者从思想政治教育实践角度研究大学生网络表达的引导与教育工作。

(二)大学生网络表达的现状

互联网改变了大学生在学校的人际交往模式,交流并不局限于面对面的语言沟通。社交媒体的普及使互联网使用者不再仅仅是信息的接收者,每个个体也可以是信息的发布者、传递者,网络表达由此有了使用者动机,也改变了大学生的人际交往习惯。"基于先前的研究情况,互联网既具有满足信息获取需要的功能,又具有满足人际情感沟通需要的功能。"基于对大学生网络表达的文献梳理和学生网络思政工作的实践经验,大学生网络表达现状可以从表达功能和表达情绪这两个维度进行总结与分析。

从表达功能来看,网络表达的目的与动机是基于社交,呈现为"个人与自身""个人与他人""个人与组织""个人与社会"的不同类型的交互关系。大学生通过社交平台注册网络账号,并通过账号来实现信息的获取和个人信息的表达,由此实现信息的交互。新兴媒体数字技术的开发使信息交互呈现的方式趋于多元化,大学生通过不同媒介使网络表达更有针对性也更具体。大学生网络表达内容涵盖个人的学习、生活、工作、环境、兴趣、特长等,有些内容表达的目的是进行自我展示,有些内容表达的目的是互相交流,有些内容表达的目的是推动他人或组织在某些行为方面的改变。

示例1:"这五年走过的地方(￣o￣).zZ"

解析:该生发布了一张图片,显示了自己四个"双十一"的收货地址,通过文字和图片展示自己五年来丰富的生活经历。

示例2:"第一次被蚊虫咬得过敏,秋冬季也要防蚊虫哦,不要露脚踝了～～"

解析:该生通过表达自己被蚊虫咬的不堪经历,表达难过的心情,想要得到理解和关心。同时,以此来叮嘱他人注意防蚊虫,实现信息的交互。

示例3:"二餐门口的流浪小白已经学会带娃儿乞讨了,建议对校园里的流浪猫进行有组织的保护!"

解析:该生关注到校园里流浪猫饥饿的情况,并呼吁校方或社团协会等对流浪猫进行统一的关注和保护,促进校园和谐。

从表达情绪来看,网络表达在信息交互过程中必然会传达个人情绪,信息表达势必会融入个人的气质、性格、情感,个人社交账号的网络表达同时也在呈现个人的情绪表达。因个体气质、性格、情感等存在差异,网络表达情绪也会存在差异。大学生受成长经历和年龄阅历等方面的影响,还未形成稳定的世界观、人生观、价值观,大学期间也是大学生"三观"得以发展与稳定的关键阶段,其情绪表达与自身的身心健康、人际交往、社会适应等方面密切相关。网络表达是大学生情绪表达的重要组成部分,呈现出其生活状态、思想意识与情绪智力的波动状态。通过文献梳理发现,情绪表达一般研究正向情绪、负向情绪及情感强度与心理健康之间的关系。一是正向情绪表达主要是为了获得情感认同,以此更加促进身心健康;二是通过负向情绪表达来抒发出自己的不良情绪,以实现自身的情绪调节;三是通过激烈的情绪表达来获取关注,以期实现对现状的改变,进而实现满足个人需求的目的。

示例1:"从陆家嘴滨江公园骑行到前滩,共享单车用时2小时,江边风景真好,又是开心的一天!"

解析:该生通过正向情绪表达,记录自己游玩的开心心情,进而通过社交媒体获得他人肯定,促进自身身心健康。

示例2:"马不停蹄的周末。"

解析:该条信息发布于22时,该生完成阶段性考试后,又完成了专业课布置的作业,该生通过负向情绪表达,说明自己周末的紧张忙碌及存在的压力,以宣泄自己的不良情绪。

示例3:"为什么总是不考虑别人,出门也不关门,这天很冷啊!"

解析:该条信息发布于23时30分,因宿舍室友深夜去洗漱而不关宿舍门,发布者发布此内容于社交媒体,期待通过委婉间接的方式来提醒室友以后改变这种习惯。

(三)大学生网络表达的分类

从大学生网络表达的现状来看,只有对大学生网络表达进行分类细化，才能有针对性地对学生进行引导与教育。现有研究往往基于宏观视野，从单一学科角度对大学生网络表达进行研究，未能从多个维度对大学生网络表达进行综合分析。笔者以期能够从实践经验角度出发，构建一种大学生网络表达的分类方法，并针对分类情况，提出引导与教育对策。

"传播学者卡茨等于 1973 年将大众使用媒介的需求分成五类：认知需求、情感需求、个人整合需求、社会整合需求、释放压力需求，于次年提出使用与满足理论。"使用与满足理论强调受众的能动性，第一次将对媒介的积极使用和消极使用区分开来。根据使用与满足理论及大学生网络表达的现状所关注的两个维度，我们建立了以情绪和社交积极性为横轴与纵轴的坐标轴，通过观察大学生网络社交表达的分布情况来对大学生网络表达进行分类。需要说明的是，每个网络表达内容的坐标点是以开心、焦虑、欣喜、愤怒等关键词或含有这类表达色彩的语句为依据而自行给定的虚拟坐标点，不是一个科学的量化标准，但通过坐标点分布情况来判断网络表达整体的思想动态是具有参考意义的。以下分类是从同一社交账号各选取了连续 50 条社交平台内容进行分布状态勾勒得出，根据坐标点的集中态势，呈现了 4 种不同类型的网络表达画像。

第一类为高社交积极性—正向情绪类型，这一类型的网络表达画像呈现出积极的生活态度与文明的网络表达。发布者的网络表达信息具体而有正能量传播，体现出其积极地进行信息交互，并在网络平台传递自己正向的情绪。

第二类为低社交积极性—正向情绪类型，这一类型的网络表达画像呈现出积极的生活态度，网络表达内容更倾向于抽象的信息或单向信息发布，并不期待与他人的交流。网络表达所发布的信息用于记录或炫耀，需要根据具体发布的内容来鉴别发布者的心理动机。

第三类为高社交积极性—负向情绪类型，这一类型的网络表达画像呈现出消极的生活态度，总是看到身边事物的消极面，但通过网络表达能够看出，发布者更希望通过网络表达来实现对现实生活的改变，希望通过网络表达来实现信息的交互，推动身边环境发生变化。

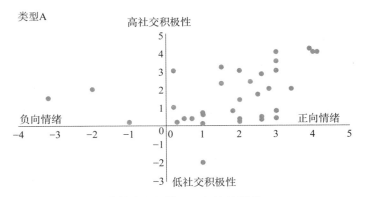

高社交积极性—正向情绪类型

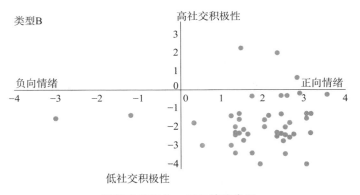

低社交积极性—正向情绪类型

第四类为低社交积极性—负向情绪类型,这一类型的网络表达画像呈现出消极的生活态度,拒绝沟通,情绪抑郁,通过其表达能够看出消极避世的心理动态。发布者不期待生活改变,只是记录不堪的生活和情绪,对周围环境或自己的生活情况极度失望。

针对大学生网络表达内容的情况,将大学生进行分类教育,有助于使网络思想政治教育更有针对性,也能够快速识别哪些学生更倾向于触碰"清朗行动"的界限,从而对其进行引导与规制,为我国网络文明建设助力。

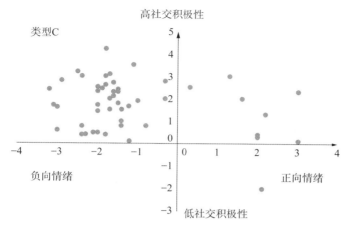

高社交积极性—负向情绪类型

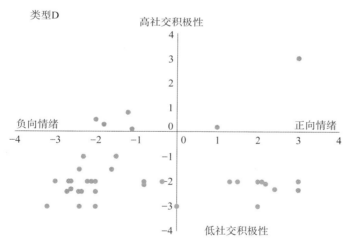

低社交积极性—负向情绪类型

三、大学生网络表达的引导与教育对策

大学生的网络素养不是与生俱来的,他们在进入大学之前以高考为目的进行学习,对网络法律法规及网络媒介素养接触较少,需要在大学里经过专题教育和长期的学习实践才能逐步提升网络素养。因此,探索对大学生网络表达素养提升具有引导与教育功效的方法十分

重要。

（一）开展网络表达相关法律法规的专题教育

当代大学生具有思维敏捷、个性独立、视野开阔等鲜明特点，能够快速接受新鲜事物，并敢于通过网络媒体发声。但是，网络信息鱼龙混杂，价值观导向参差不齐，通过网络习得的思维习惯并非都有益于大学生的身心健康。"区别于电视等传统媒介的网络媒体的现实影响力同样强大，譬如嘲笑、谩骂、蔑视、诽谤、侮辱、歧视等网络语言暴力现象常常转化为'现实中的拳头'，这又从虚拟世界意见表达的管理延伸出现实世界校园安全稳定保障的问题。"因此，思想政治教育工作者要重视法律法规的宣传与教育工作，将我国已经形成的网络空间法治体系向大学生传授。高校要通过线上线下的不同阵地，采取多种传播形式，增强大学生网络表达的法律法规意识、道德自律意识、社会监督意识。

（二）开展社会主义核心价值观网络思想政治主题教育

从 2017 年的"葛优瘫"到 2018 年的"佛系青年"，再到 2020 年的"网抑云"与 2021 年的"躺平"，"丧文化"所包装的虚无主义扰乱了青少年的价值取向。过度商业化和娱乐化的网络空间，利用多种数字手段误导公众消费，裹挟着消费主义来误导青年。许多人热衷于窥探、传播、交易甚至炒作他人隐私，热点事件占用网络公共资源，误导青年打榜，引起粉丝互撕等失德失范现象，易使青年学生产生空虚孤独、认同缺失、焦虑无助的精神感受。高校要开展线上线下形式新颖、符合学生心理、尊重学生需求的主题教育活动，将社会主义核心价值观蕴含其中，通过主题班会、主题团日活动、专题座谈会、主题微课、演讲比赛、知识竞赛等多种形式将热点问题讲清楚，将社会主义核心价值观融入特色校园文化，促进学生弘扬、交流、内化、行动、发展。高校要搭建青年学生第二课堂，通过优质主题教育活动来提升大学生理性表达的思维能力；通过促进大学生正向情绪表达，引导大学生提升理解能力、表达能力及推演反思能力，进而逐步提升大学生的网络表达质量。

（三）分层分类开展大学生谈心谈话

通过前文论述,可根据学生的网络表达内容将学生分为四类,每一类学生具有不同的特点,应有针对性地对其进行引导与教育,以期学生能够实际面对自己的问题,并通过相应辅导来实现个体网络媒介素养的提升。针对高社交积极性—正向情绪类型学生,应提升其朋辈辅导的责任意识,保障这类学生在与其他学生的交流互动过程中拥有获得感与价值感,发挥其网络思想政治教育的积极作用,共同营造清朗的网络环境。针对低社交积极性—正向情绪类型学生,应引导其树立正确的价值观,防微杜渐,抵制不必要的消费与炫耀,树立积极正确的社会交往心态,提升大学生的精神风貌。针对高社交积极性—负向情绪类型学生,应鼓励其更多思考问题的解决方法,而不是局限在问题本身,提升他们积极面对生活的思维能力,调整面对生活和困境的心态。针对低社交积极性—负向情绪类型学生,应提高风险意识,密切关注他们的言行举止和社交动态,建立班团宿舍信息联络机制,关注他们的心理健康与生活表现,多渠道鼓励他们树立自信与良好心态,促进他们身心的健康发展。

大学生网络表达是个体思想行为与所处学习生活环境相互作用的结果,这种思想变化规律对网络思想政治教育工作的开展具有重要启示,同时也提出了巨大的挑战。高校应着眼于大学生网络表达的动机,明晰大学生网络表达分类,必要时通过激励评价方法对大学生进行反馈与干预,进而共同维护清朗文明的网络空间。

突发公共卫生事件背景下高校新媒体的舆论宣传及思想政治功能研究
——以上海海洋大学微信公众号为例

上海海洋大学党委宣传部／徐　凌

高校思政工作是一项固本和铸魂工程,关乎培养什么人、怎样培养人及为谁培养人。突发公共卫生事件背景下,高校面临更多且更为复杂的考验。一方面,要构建有形的健康防护墙,加强健康监测力度,保障校内师生安全;另一方面,要夯实思想政治工作的生命线,想学生之所想,使思想政治工作贯穿全过程。在此背景下,把控学生的思想动态和行为状态,开展及时且有针对性的工作极为重要,而新媒体在此过程中可以发挥重要作用。

一、突发公共卫生事件背景下高校新媒体的关键作用

网络信息技术的快速发展,为高校开展思想政治工作提供了现代化的全新媒体手段。新媒体与时俱进的创新发展,使其成为当下高校思想政治教育工作的重要平台。大学生信息来源多样,受新媒体影响巨大,思想活跃且具有较强的公共精神,但是在关于社会治理、危机应对的舆论中容易受到各种思潮的干扰。特别是在突发公共卫生事件背景之下,虚假信息、低迷情绪容易在校园内蔓延,而高校新媒体如果能及时发声,可以抢占先机,占领舆论高地,不仅能抵制不良情绪的扩散,

还能发挥思想政治功能,有助于营造团结协作、同心奋战、共克时艰的积极氛围。因此,面对校园里"95后"和"00后"的"网络原住民",高校如何借助新媒体平台强信心、暖人心、聚民心,抢占校园新媒体话语体系的新高地,就显得格外重要。

高校微信公众号是全媒体时代思想教育的重要载体。北京大学、清华大学、武汉大学、南京大学等各大高校的公众号因更新频率快、用户互动性较强、信息可信度高、内容贴近学生等优势,主动发声、正面引导,营造了良好的舆论环境。本文将以上海海洋大学微信公众号及同步运营的微信视频号为例,深入分析突发公共卫生事件背景下高校新媒体的舆论宣传及思想政治功能。

二、上海海洋大学微信公众号简介

上海海洋大学官方新媒体运营团队是上海海洋大学通讯社的成员,隶属于上海海洋大学党委宣传部,是学校宣传工作的一个重要载体。由上海海洋大学官方新媒体团队运营的上海海洋大学微信公众号是面向全体在校师生、校友、学生家长,报道校园内外的新人、新事、新文化、新风尚,反映学校在教学、科研、学生活动、思想建设等方面动态的平台,该平台旨在丰富校园生活,强化学校文化软实力,为建设和谐校园创造良好的舆论环境。

上海海洋大学微信公众号秉承"海大官微,无微不至,搭建师生对校园生活了解的平台,和海大一起成长"的宗旨,坚持每日更新1—2条推送内容。截至2022年12月,上海海洋大学公众号的累计粉丝数为7.7万。

三、突发公共卫生事件背景下上海海洋大学微信公众号的舆论宣传

上海海洋大学官方新媒体运营团队深知承担着舆论引导的职责,需要及时、准确且全面深入地披露和解读各项信息,持续输出正能量。

自 2022 年 3 月 13 日至 2022 年 6 月 1 日,上海海洋大学微信公众号发布推文 103 篇,累计阅读量 91.1 万,其间在全国及上海市的最高排名分别为第 4 名及第 37 名。

从选题来看,上海海洋大学微信公众号发布的内容主要包含相关管理信息、及时跟进学校管理工作、树立先进典型三类。

借助新媒体时效快、传播广的特点,上海海洋大学微信公众号及时发布相关信息,将通知广而告之,推动了学校管理工作的有序开展,有助于缓解师生焦虑情绪。相关信息以普及科学防护知识、传达学校最新规定为主,引导师生理性地看待现状,加强自我防范意识和防护能力。

从具体内容来看,上海海洋大学通过微信公众号共发布相关公告 3 条,累计阅读量超过 5 万。除了相关公告外,上海海洋大学微信公众号还发布了生活指南等。例如,2022 年 3 月 15 日,上海海洋大学微信公众号发布推送《十问十答!这几天校园生活你最关心的问题都有了答案》,通过富有及时性、针对性的内容输送,解读学校管理工作,使师生的认识从未知走向已知,集中精力做好相关工作。通过微信公众号,还可以快速传达学校的相应要求,弥补了个人获取信息的不对等性和不确定性。

随着时间的推移,舆论宣传工作持续深入,上海海洋大学微信公众号通过多角度来报道各项工作的推进情况。例如,2022 年 3 月 15 日,上海海洋大学微信公众号发布推送《一心守"沪",谢谢每一个你!》,第一时间介绍各项工作的运转情况;2022 年 4 月 4 日,发布推送《1 分 17 秒迅速集结!还得是海大青年!》讲述上海海洋大学在校学生如何配合相关工作、积极参与志愿者活动;2022 年 4 月 11 日,发布推送《听说海大在开"美食盲盒"?》,介绍上海海洋大学的餐饮保供情况;2022 年 4 月 12 日发布推送《内聚力 MAX》及 2022 年 4 月 13 日发布推送《晒晒聊天记录,告诉大家我们一切都好!》,分别向校内外的师生、家长、校友介绍上海海洋大学的教学、物资运输等工作的推进情况;2022 年 5 月 15 日,发布推送《当"三蹦子"开进网球馆,你的快乐请查收!》,介绍了上海海洋大学校内物资的发放情况。

上海海洋大学微信公众号深入挖掘校园内涌现出来的典型人物及先进事迹,努力展现师生团结一心、共克时艰的精神风貌。上海海洋大学微信公众号充分挖掘教师及学生志愿者团队的先进人物,推出系列专栏,以第一人称视角讲述他们的故事,讲述校内真实生活,拉进与读者之间的距离。例如,2022 年 5 月 2 日,上海海洋大学微信公众号发布《说出来你可能不信,我的重要工作是喂鱼》,该推文被央广网、《光明日报》、上观新闻、《劳动报》等多家媒体转载;除此之外,2022 年 5 月 3 日发布的《大家好,我就是"铁臂阿明"》、2022 年 5 月 18 日发布的《那片海蓝,我们一直守护着》、2022 年 5 月 18 日发布的《Dr. Xing,不只是博士》、2022 年 5 月 24 日发布的《源哥的"三十而立"》、2022 年 5 月 27 日发布的《风风火火"沉下去" 热热闹闹"干起来"》等,在师生层面都产生了较大影响力。

四、突发公共卫生事件背景下上海海洋大学微信公众号的思政功能体现

(一)深化立德树人的根本任务

上海海洋大学除了在微信公众号推出原创内容外,还打破固化模式,借助微信公众号链接的视频号进行直播。2022 年 3 月 22 日下午,上海海洋大学通过微信视频号,线上为同学们带来了一场别开生面的"经历·守护·成长"主题公开课,讲述发生在大学生身上的、身边的故事,共同经历、守护、成长。

主题公开课把师生亲身经历的"活教材"及时转化为思想政治教育的"新教材",通过这样的方式来引导学生把爱国情和报国志书写在实际行动中,始终坚持与党和国家、与民族和人民同呼吸、共命运。主题公开课真正地让思政课"活"了起来、丰富了起来,有助于强化思想政治教育。

(二)使思政教育更接地气

对于在校大学生来说,通过微信公众号、微博、抖音、哔哩哔哩等可

以了解学校发展,关心关注社会热点话题,从而对价值观的形成产生深刻影响。与此同时,融媒体时代下,在校大学生对新媒体平台的内容还可以进行创作、转发,既是内容生产者,也是信息传播者,从而使得思政教育更接地气。

上海海洋大学微信公众号充分发挥学生团队主观能动性,微信公众号推出的 103 篇稿件,全部都有学生参与内容的撰写、文字排版、图片制作、审核校对等工作;同时,还采用约稿与用户投稿相结合的形式,刊登一大批由学生创作的内容,如讲述学生志愿者故事的《穿上大白,学弟学妹叫我"大白蟹"》《"沪十四",也是我们的家》等,并且推出学生独立创作的漫画类作品《今天,为"会"而"绘"》。此外,团队还征集校园生活图片,制作推送《SHOUers 就要 show 出来》等。

上海海洋大学微信公众号还在视频号发起视频征集活动,征集活动由师生投稿,运营团队审核并提出修改建议后发布,内容包含学生宅寝生活、学校教工工作实况、防护提醒等。这种由师生自发创作的形式营造了良好的对话契机,缓解了师生的焦虑。通过互动,也可以进一步了解受众的关切点、信息盲区等,运营团队会继续制作新内容进行回应,为舆论引导提供了方便。

在"经历·守护·成长"主题公开课中,不仅上海海洋大学的党委书记和校长分别担任开课与结课导师,而且全校各个部门和学院的教师、工作人员、学生都出现在了镜头中,共同讲述感人故事。开讲之前,上海海洋大学微信公众号提前发布预告,组织全体师生收看。直播结束后,上海海洋大学微信公众号抓住热点,汇总了师生的观后感,整理后发布推文,使思政教育通过新媒体传播,持续扩大影响力。

五、突发公共卫生事件背景下高校新媒体宣传工作的创新思考

(一)加强高校新媒体宣传团队建设

高校新媒体宣传队伍多由党委宣传部指导,由学生通讯社及部门与学院二级通讯员共同组成。为了加强高校新媒体团队建设,应充分

发挥师生积极性,提升专业素养。

第一,要鼓励和发动更多专家学者与一线教师触网发声。专家学者可以提供指导建议、传播知识,并形成高校媒体与社会媒体之间的联动,引导校内外实现协作;而一线教师可以将自身在学校工作的经验进行总结提炼,讲述动人故事,协同发挥舆论引导作用。

第二,要尊重学生的主体作用。一方面,充分利用高校新媒体紧密联系学生的优势,重视学生视角,不断挖掘学生中的典型、榜样,以学生为主体,讲述大学生团结友爱、积极向上、共渡难关的良好风尚,发挥朋辈效应,更好地带动青年群体;另一方面,为学生创造条件,在新媒体作品的制作过程中,实现自我教育、自我管理、自我服务。以上海海洋大学为例,学生通讯社中的官方新媒体运营团队负责学校微信公众号、微博、抖音、哔哩哔哩等各类账号的日常维护,学生摄影协会、记者团、广播台及各学院新媒体运营团队提供内容素材支持。

(二)校内搭建交互平台

高校新媒体在特定背景下的舆论宣传,是以重大事件为契机,因时因势主动开展思想政治工作的探索和尝试。上海海洋大学微信公众号的实践案例可归纳为全景化展示阶段实况、故事化彰显拼搏精神、共情化抚慰焦虑情绪,尽管已取得了良好的效果,但依然存在与学生实时互动频率较少、没有及时进行沟通等问题。针对这一情况,应充分利用新媒体技术手段,搭建校内交互平台,学生可以实时反馈问题,并由专人进行回答,同时将一些共性问题进行汇总,以便进一步了解受众的关切点、信息盲区、误解等,有的放矢地制作新内容进行回应,为舆论引导提供方便,真正实现学生之间、师生之间及教师与家长之间的沟通、交流,共同关注学生成长。

突发公共卫生事件背景下高校"三全育人"工作案例
——以上海海洋大学心理团队为例

上海海洋大学学生工作部(处) / 王炜然

一、指导思想

教育部党组印发的《高校思想政治工作质量提升工程实施纲要》提出了构建全员、全过程、全方位一体化育人格局的要求,即"三全育人"。"三全育人"是对立德树人特点和规律认识的全面提升与进一步深化。心理育人作为"三全育人"的重要一环,要建立全员协同、全过程贯通、全方位渗透的制度保障和运行机制,做好学生心理健康工作,最大限度减少各种突发状况对学生心理健康的影响,最大程度促进学生身心健康与全面发展。

二、基本情况

(一) 历史发展

上海海洋大学心理健康研究教育中心成立于1995年,是专门为全校学生设立的专业心理服务机构,是上海高校心理素质教育工作基地之一。二十多年来,上海海洋大学心理健康研究教育中心开展了个体心理咨询、团体辅导、电话咨询、心理素质训练课程、讲座和宣传教育等形式的心理活动,曾多次被评为中国心理卫生协会大学生心理咨询专业委员会先进集体,获得"上海高校学生心理健康教育与咨询中心"等荣誉称号。

(二)时代现状

(1)学生心理问题突出

大学生正处于生理与心理发育的关键时期,同时也是抑郁、焦虑等精神心理问题的敏感时期。从现实情况来看,身体状况、学习方式和家庭关系的改变产生或激化了学生的心理问题,主要表现在:抑郁情绪,自杀等危机事件的风险显著增大;疑病状态,甚至过度服用药物;恐惧心理,学习、生活和睡眠等出现问题;盲目从众,容易受煽动;长期应激诱发创伤与危机;出现学业压力、就业焦虑、人际障碍、网络成瘾、校园欺凌等。高校应全面评估特定情形对学生心理健康带来的影响,聚焦学生突出心理问题,因地因校制定专项工作方案,采取针对性对策,分类实施监测预警和干预等有效措施,防重症、防危机、防极端,切实维护学生身心健康,促进学生全面发展。

(2)网络成为育人主战场

高校必须充分利用互联网新媒体技术,结合学生的兴趣点和接受习惯,探索建立学生互动参与的互联网体验场景和交互场景,调动学生参与的积极性,真切了解学生学习生活中的问题和状况并予以改善,更好地培养社会主义建设者和接班人,完成新时代赋予高校思想政治教育的重要使命。

当前,互联网已成为社会舆论的放大器和意识形态较量的主阵地,对人们的价值观念产生重要影响。当代大学生作为"互联网原住民",行为习惯和思维方式都深受互联网影响,因此网络思想政治工作已经成为高校思想政治工作的重要环节,高校必须抓住网络育人这个主阵地。

(3)心理专业力量有待补强

心理育人的责任主体比较明确,许多高校都已设立心理健康教育中心或咨询中心。心理咨询师就是心理育人的主要责任主体。在心理问题频发并日益复杂化的时代,心理育人所面临的主要问题是心理咨询师的数量不足,难以满足学生心理咨询的基本需要。由于心理工作的特殊性,心理咨询师倾心用情、细致深入、持之以恒、默默无闻地工作,不显山不露水,没影像资料,很容易被人们忽略,成为容易被忽略的一条"看不见的战线"。

二、基本思路

(一) 发挥朋辈力量,共筑心理防线

朋辈心理咨询能较好地满足现实生活的需要,是对专业心理咨询的重要补充。在学生的心理问题突出且求助动机增强的情况下,常规的心理咨询中心人员配置已无法满足学生的实际心理需要,此时开展朋辈心理咨询便显得尤为重要。朋辈心理咨询者和学生可以在咨询的起始阶段就很快建立起互动关系,咨询者可以更好地深入来访者内心去体验他的情感、思维,咨询所能达到的效果非常明显。朋辈心理咨询改变了以往学生只是心理咨询的对象,只有少数专业的心理咨询师才能开展助人活动的状况,让全体学生成为心理咨询工作的主体,这给心理咨询带来了美好的前景。朋辈心理咨询员在学习了一定的心理咨询知识和技巧后学以致用,不仅帮助身边的同学解决心理问题,而且还提高了自己的调适能力。朋辈心理咨询对学生形成关心别人、接纳别人、学会共处、学会做人、学会生存等理念有着积极的引导作用,有助于学生树立起正确的世界观、人生观和价值观。

(二) 发挥线上优势,加强心理宣传

突发状况的发生,可能导致大学生恐慌情绪的出现。对于大学生而言,他们对很多事物的认识可能不够全面,容易受到网络上一些不真实信息的误导,无法理性客观地意识到当前的状况并掌握正确的自我保护方法。部分学生容易陷入自我怀疑之中,对身体的不适等过于敏感,更容易产生恐惧、焦虑、悲观等消极情绪。因此,开展正确的心理科

普宣传活动是必要的。

（三）联合多方资源，构建服务体系

高校要转变以往学工条线自循环的工作模式，深入到教学、科研、党建模块，加强条线工作与模块工作的整合，践行"三全育人"；转变学校内部自循环的工作模式，开门办思政，加强与家庭系统的沟通，整合校外医疗机构、专业机构、政府部门、行业协会等社会资源，实现合力育人，形成有效模式，不断辐射当地乃至全国。

三、具体做法

（一）爱心——在线直播赋予能量

上海海洋大学心理健康研究教育中心全体老师针对学生情感需要，于2022年3月27日至4月27日在网上面向全校师生推出了线上心理公益直播活动，涉及生命意义教育、时间管理、自我认知、放松助眠和解压等内容，在校师生近6000人观看了直播，同学们体会到了满满爱意，线上与讲座老师热烈互动。

（二）暖心——师生互动传递关怀

为确保校内心理疾病学生用药不断，上海海洋大学心理健康研究教育中心老师动用内外资源，家校医多方协同，忙里忙外，协同学院心理联络员摸排学生用药史和当前状态，会同浦东精卫中心、奉贤精卫中心等机构，为学生提供个性化暖心服务，切实为相关学生用药保驾护航，将真情传递到学生们的手中，滋润在学生们的心中。

（三）贴心——朋辈引导关注成长

上海海洋大学心理健康研究教育中心老师协同北京师范大学心理学硕士开展线上朋辈团体辅导，围绕清空"情绪垃圾"，给予支持力量和温暖陪伴，最大程度减少特殊时期心理问题学生的出现，并且与广大学生展开了热烈讨论；同时，对相关学生骨干进行了危机识别与干预技能

点播,为后续跟踪掌握学生身心健康状况夯实了基础。

(四) 用心——团体辅导舒缓压力

上海海洋大学心理健康研究教育中心邀请上海南汇精卫中心的心理治疗师方黎医生为师生开展了一场 EFT 技术情绪关怀专题团体辅导,引导师生正确面对学习与生活压力,看到资源、发掘力量、舒缓情绪。师生们在欢声笑语中学习了自我减压和舒缓情绪的小妙招,减轻了压力和烦恼。

四、典型事例

(一)"守护心灵,陪伴成长"心理健康教育大直播

为贯彻落实市委、市政府及教卫党委的部署,有效提升大学生心理素质水平,强化心理应对能力,2022 年 3 月 27 日至 5 月 29 日,上海海洋大学心理健康研究教育中心联合校团委面向全校师生推出了心理健康直播课程,内容涵盖时间管理、原生家庭、亲密关系、导师关系、情绪调节等,在校师生近 12000 人观看了直播。该系列课程已录制成视频文件上传公共平台,供学生学习使用。

其中,王炜然老师从时间是一种宝贵的资源入手,讲述我们可以通过善加利用时间,改变我们人生的宽度,并讲解了如何成为时间管理大师。鲍婧老师告诉我们,人们在朝着认为自己一定能够实现的长远和有意义的目标而努力的时候,他们的状态是最好的,并且她向大家展示了重塑脑回路对大学生的成才和后续发展的重要意义。程千千老师从降低激发与舒缓情绪入手,对师生开展了睡前平稳心态与促进入眠的冥想团体辅导。孙红刚老师以良好的心理状态从何处来切入,分析了特殊时期面临的压力,结合鲜活生动的肢体动作来讲解调适心态与释放压力的方法。

直播课程进一步优化了师生心理健康知识获取的路径,帮助大家正确认识常见的心理反应,并结合自身实际做好心理调适,科学缓解了心理焦虑和压力,强化了信心和决心。

（二）"小海心"朋辈心理帮扶计划

（1）项目介绍

在学校内搭建起朋辈支持团队，从多维度有效满足上海海洋大学的学生心理健康需求。本项目主要由上海海洋大学心理健康研究教育中心负责，在校内通过"小海心"计划，组建起一批有助人意愿、有一定助人技巧、对学校文化认同和了解的志愿朋辈支持者，为学生提供区别于心理咨询的心理健康服务，与心理咨询相辅相成，全面构建起规范化、层次化、多样化的心理健康服务体系。

（2）"小海心"团队

搭建起标准的团队组建和培训流程，为实施服务搭建基础，主要包括成员招募、简历筛选与面试、专业培训与考核，最终达到"peer support"的效果。

该项目源自斯坦福大学的朋辈心理咨询模式，前期经过一定规模的高校心理咨询方向毕业生扎实实践后，总结经验进行本土化创新，同时参考了加拿大 PSACC（peer support accreditation and certification Canada）手册的标准来制定训练内容、督导内容和聊愈员守则。这些标准包括知识、能力、经验和行为规范要求，以便我们在各种情况下用应有的技能来有效地提供服务。

（3）朋辈支持服务平台

由清华大学心理健康中心与清华大学计算机系黄民烈副教授团队共同合作开发，专为高校朋辈支持提供技术服务，主要包括以下几个模块：朋辈支持系统、学号匹配登录、危机预警反馈、线上咨询（文字、语音、视频）、实时黄反监控。

（4）项目目标

目标1：满足学生各层级的心理需求，个性化解决心理健康问题。

目标2：通过人工智能，形成心理健康状况监测、危机监控、危机及时干预的预警机制。

目标3：在校内建立起有组织、可发展的学生互助团体，提高心理咨询服务效率。

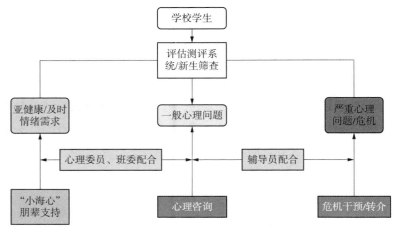

"小海心"心理服务体系

（5）活动情况

"小海心"朋辈支持者由上海海洋大学心理健康研究教育中心组建，由来自各个院系的在读本科生和研究生志愿者组成。"小海心"朋辈支持者在借鉴国外朋辈心理辅导模式和清华大学学生心理发展研究的基础上，构建朋辈互助能力培养体系，开展专业化的培养，经过考核

"小海心"登录界面（来访者端）

后上岗,为同学们提供专业的朋辈心理支持,涉及主题包括恋爱与性、学业发展、爱好志趣、职业生涯、人际连结、自我发展等。首批朋辈支持者工作时间为 2022 年 4 月 8 日至 6 月 6 日,累计招募朋辈支持者 37 名,组织培训 5 场,督导 5 场,累计服务时间 90 小时,运营时间为周一至周日 10:00—22:00。

上海海洋大学坚持"四个结合"推进"三全育人"综合改革

上海海洋大学党委宣传部／刘　源

作为中国水产教育事业的摇篮,上海海洋大学坚持以习近平新时代中国特色社会主义思想为指导,以落实立德树人根本任务和推进"双一流"建设为目标,接续"渔界所至,海权所在"的创校使命,践行"勤朴忠实"的校训精神,秉承"把论文写在世界的大洋大海和祖国的江河湖泊上"的办学传统,努力培养"既心怀国之大者,又践行勤朴忠实的新时代海洋人"。2022 年,上海海洋大学通过制定工作方案、强化全面协同、构建落实机制,不断弘扬办学传统、彰显海洋特色,精心打造"三全育人"四级责任、十七大育人中心、十大育人品牌,努力构建育人工作体系,奏响了全员育人的交响乐。

一、坚持分中心建设与全方位推进相结合,健全育人体制机制

(一)加强各育人分中心的品牌建设

上海海洋大学围绕 11 个"一院一品牌"和 17 个"一中心一品牌",从党建引领、教学改革、队伍建设等方面提出了全校育人品牌的建设规划,绘制了一幅把握"三全育人"局部性和整体性建设任务书、路线图,

构建了全环境立德树人新格局。上海海洋大学立足全员、全过程、全方位育人的发展思路,聚焦学生的价值导向和需求指向,将第一课堂与第二课堂合理衔接,将课程思政、日常思政、网络思政、社会思政整合贯通。上海海洋大学总结"三全育人"试点高校建设经验,开展各学院和育人中心工作任务台账落实情况督查,新增 3 个育人团队、2 个育人基地和 1 个育人品牌,推动全校"三全育人"工作渐次铺开、全面实施。

(二) 全方位、多角度推进育人工作

上海海洋大学召开"三全育人"工作推进会,打造一批可复制、可推广的新鲜经验;固化长效机制,持续推进校领导联系分中心制度,调研指导各分中心"三全育人"等工作。上海海洋大学不断完善"三全育人"综合改革工作机制,包括有力的组织实施机制、有效的过程管理机制、科学的考核评价机制、顺畅的联动协作机制等,围绕学校《"三全育人"综合改革实施方案》工作要求,制定《上海海洋大学"三全育人"工作考核办法》,细化考核方案,对全校各职能部门、二级学院、育人中心和直属单位分三类进行考核,保障"三全育人"全方位推进。

二、坚持思政小课堂与社会大课堂相结合,汇聚全员育人合力

(一) 强化"思政课建设"

上海海洋大学深入推动习近平新时代中国特色社会主义思想进课堂,建立定期听课、评教制度,举办说课、观摩活动,校领导带头教授"习近平新时代中国特色社会主义思想概论"课程,全年开设 33 个教学班次,覆盖学生近 3000 人。根据教育部和上海市教委通知要求,上海海洋大学调整思政课学分,加强集体备课,参考、使用教育部统一课件;修订《马克思主义学院关于思想政治理论课考核方法的实施细则》,重点从思政课的共性要求和每门思政课的个性要求完善"行为实践度"的考核要求;召开"学习二十大报告精神集体备课会",及时将二十大报告精神融入思政课教学,校党委书记王宏舟出席备课会并讲话。上海海洋

大学积极参加思政课教学大比武,6 名思政课教师参加 5 门思政课的上海市教学大比武,1 人获一等奖,1 人获二等奖,1 名教师获第五届上海青教赛二等奖。同时,上海海洋大学获批上海市思政课教师研修基地 1 个,上海市思政课名师工作室——董玉来工作室获得认定。此外,上海海洋大学获批增列马克思主义理论一级学科硕士学位授权点,并于 2022 年开始马克思主义理论专业硕士学位的招生工作。

(二) 持续"开门办思政"

上海海洋大学成立了 116 支暑期社会实践队伍,由 100 余人次教师亲自带队,带领本科生、研究生 900 余人用脚步丈量祖国大地,追寻习近平总书记的足迹,感受其人民情怀,形成漫画版红色故事集和上千个微党课备用素材。上海海洋大学充分发挥好思政课作为落实立德树人根本任务关键课程的作用,不断增强思政课的思想性、理论性、亲和力、针对性,通过"超级大课堂"与师生面对面,思考与阐释中国式现代化因何而立。上海海洋大学不断强化通识教育协同育人,根据学校的办学定位和学科专业特点,不断建设"中国系列"课程之"大国海洋"篇章,在已设 5 门课程的基础上持续探索发力,以拓展学生知识结构、提升学生社会认知和增强学生家国情怀。上海海洋大学打造仪式教育情境育人,以党的二十大、110 周年校庆等重大事件为载体,通过观看、志愿、宣传等模式,强调仪式教育的引导性,广大学生在亲身经历后,提升了爱国荣校意识。

(三) 讲好"大思政课"

上海海洋大学打造具有学校特色的育人品牌,推进知农爱农专项计划,探索"大中小一体化"工作实践。上海海洋大学不断整合社会育人资源,积极探索临港新片区区域"大思政课"综合实验区建设,助力打造具有新片区特点的"开门办思政"共建共享共赢平台,形成可借鉴、可复制、可推广的"新片区方案",建立了临港新片区"大思政课"第一批专题实践教学点。2022 年,上海海洋大学博物馆获批全国科普教育基地,为推进文博育人提供了更好平台。在 2022 年上海博物馆影响力排行榜中,上海海洋大学博物馆位列上海高校博物馆第七位。上海海洋大学与上海市科协、上海市海洋与湖沼学会等单位联手编印《海纳百川,追求卓越——海洋科学家精神主题汇编》画册;指导学生创作完成并出版《视觉海大·海大之翼篇》画册,融美育与鸟类科普为一体,融生态文明教育与爱校教育于一体,融理想教育与实践教育于一体。2022年上半年,上海海洋大学将身边点滴化为思政"新教材",通过视频号、抖音号、哔哩哔哩等平台,在线上为全校学生带来六场别开生面的主题直播,向广大青年学子讲好"大思政课",发布系列报道237篇。此外,上海海洋大学实践育人中心围绕迎接和学习贯彻党的二十大,开展社会实践活动,做到本科生全覆盖。其中,112名老师指导112个校级项目,896名学生参与实践项目;其他同学通过"三下乡"、"返家乡"、生产实习、区县挂职等途径完成暑期实践。在特色上,上海海洋大学开展重走习近平总书记地方工作和考察视察之路专项社会实践活动,探访30多个红色足迹,行走里程近1万公里,形成上千个微党课备用素材,文本量达13.5万余字。在2022年上海市"知行杯"暑期社会实践大赛中,上海海洋大学有5个项目获上海市"知行杯"三等奖,1个项目上海市"知行杯"二等奖;上海海洋大学海洋生态与环境学院管卫兵老师获2022年全国"三下乡"社会实践优秀个人。海大青年"tony"校园公益志愿理发团队项目、心理育人中心"一对一,共成长"项目、服务育人中心开门办后勤项目、育人队伍建设中心师德沙龙项目等育人品牌通过大课堂提升了育人成效,神仙导师、理发天团、毕业生捐资助学等育人故事被《人民日报》《中国青年报》、上观新闻等各级媒体广泛关注。

三、坚持海大特色与"五育并举"相结合,追求铸魂育人新境界

(一)百十年校庆擦亮鲜红约定

上海海洋大学更新校史馆、校园文化馆,举办"双一流"建设成果展,持续开展"品读海大"系列活动,发布校庆宣传片《约定》,讲述学校不负家国的时代之约、不负先辈的发展之约、不负你我的青春之约和不

负逐梦的未来之约。校庆宣传片在微信视频号平台播放量达 10.1 万次,收藏 1413 次,转发 1880 次,点赞 3152 次,位列全国本科院校视频号影响力第 15 名,微博平台播放量达 6 万余次。上海海洋大学将校史校情、办学传统融入学校环境之中,为百十学府注入了铸魂育人新动能。在毕业季,上海海洋大学为毕业生制作并赠送《海大记忆 2022》校史口袋书;在迎新季,上海海洋大学为新生制作并赠送《海大芳华2022》校史口袋书。这两本校史口袋书均有机融入了习近平总书记对全国青年立志成才的重要讲话精神。上海海洋大学拍摄《我心似海无怨无悔——记著名水产教育家侯朝海》,被中国科协收入网站主页推送;拍摄《海权中的海大智慧》,宣传介绍乐美龙等专家"护渔权,张海权"的国际谈判故事;编辑完成《湛湛人生 2023》,通过讲述海大人的故事,传承海洋精神,厚植家国情怀。

(二)扎根中国大地培育时代新人

上海海洋大学的教师始终冲锋在科研、教学一线,把育人落实在每一个角落,结合专业特色,与上海崇明、宝山、临港,以及江苏泰州、安徽滁州等地共建产学研基地,引导广大学生把论文写在祖国的大地上。上海海洋大学结合长江大保护和长江十年禁渔,开展了"万古渔歌——长江渔文化保护百名大学生暑期社会调查实践活动"。同时,为加强我国青年志愿服务研究,推动青年志愿服务事业发展,经共青团中央书记处批准,中国青年志愿者协会在上海海洋大学挂牌成立青年志愿服务研究基地,把学校志愿服务、社会工作、公共管理的研究和教学工作建设纳入全国视野,丰富学校人文社科特色化建设内涵,服务"双一流"建设,促进青年志愿服务研究和志愿服务事业发展。

(三)传承学校独特之体育精神

上海海洋大学继续在新时代弘扬创校先贤张謇先生"培养健全之国民"的体育育人思想,成立上海海洋大学陈士麟水上运动发展基金,获得 2022 年上海赛艇公开赛两个冠军和"高校之王"奖杯、上海城市业余联赛龙舟高校组冠军等。上海海洋大学建立了以龙舟、赛艇、游泳、水球、桨板、水畔营地等为核心,以高水平田径、羽毛球、跆拳道、电子竞技等为特色的体育育人体系,培养了一届届勇立潮头、搏浪天涯、劈波斩浪的青年学子,还主动融入临港新片区发展建设,与建平临港小学、临港一中等学校共同开展水上运动大中小"一条龙"人才培养项目。

(四)涵养校园文化助力美育浸润

上海海洋大学以书法篆刻艺术等为切入点和突破口,大力宣传美育教育,凝聚育人共识。2022 年初,高榕老师指导学生篆刻的相关内容被《文汇报》等媒体关注。上海海洋大学建校 110 周年之际,上海海洋大学水产与生命学院高级工程师何为的专著《金鱼之美》付梓,被周到上海、《新民晚报》《上海科技报》、上海教育新闻网等媒体广泛关注。上海海洋大学开展多项校园直播活动,通过线上公开课、云分享、趣味直播的形式,把"活教材"及时转化为"五育并举"的"新教材"。直播活动共计 29 场,累计观看近 220000 人次,在线点赞超过 212000 次,在线评论近 44000 条。上海海洋大学累计制作 37 个主题艺术短视频,视频累计浏览量达 5.8 万次,点赞数超过 6000 次。在建校 110 周年"双一流"建设推进大会系列活动中,上海海洋大学开展 6 场美育实践活动,输出文艺作品 18 个;线上线下联合展演,600 余名学生参演,共计 6000 余名师生现场观看演出,反响热烈。

(五)弘扬劳动精神书写奋斗人生

上海海洋大学以"共同守护"为主题开展劳动教育,推进劳动常态化的整体要求,将劳动教育落细、落小,"包干到院、包干到班",常态化推进学生宿舍、学院楼宇、公共区域三大劳动场域的环境卫生维护。上海海洋大学揭牌上海市教育系统戴小杰劳模创新工作室,邀请全国劳动模范、华东师范大学物流研究院院长包起帆教授举办主题讲座。通过有组织的劳动教育,上海海洋大学使海大学子能够在劳动中体现价值、展现风采、感受快乐。此外,上海市大中小学教师劳动与生命教育研修基地落户上海海洋大学,学校充分挖掘水产、海洋、食品等学科人才优势、资源优势,与中小学形成教师培养、培训、研究和服务一体化的合作共同体,为学生的劳动与生命教育提供可持续发展的力量。

四、坚持线下优化与线上发力相结合,实现育人最大增量

(一)面对面服务"最后一公里"

上海海洋大学构建"一站式"学生社区综合管理模式,方便深入一线服务学生;同时,优化管理服务流程,建成"一站式"综合性服务平台,践行"让师生最多跑一次"的服务承诺。上海海洋大学图书馆启用座位管理系统,实行一人一座实名制管理,提前预约、对号入座,一改往日"占座"现象。上海海洋大学持续推进"我与校领导面对面"共进午餐交流会,不仅与学生群体面对面,而且扩大到与教师群体面对面,深入探讨高水平人才队伍建设、科技创新、服务国家战略、一流学科建设,为"三全育人"打下坚实基础。此外,在特殊时期,上海海洋大学校领导线上与学生面对面,共同深入学习贯彻习近平总书记考察中国人民大学重要讲话精神、习近平总书记在中国共产主义青年团成立100周年大会上的讲话精神、"二十岁遇到二十大"学生志愿者总结大会等,全面领会习近平总书记的殷切嘱托,激励广大学生以"功成不必在我,功成必定有我"的行动自觉,担当起党和人民赋予的历史重任,为实现中华民族伟大复兴,不断劈波斩浪、开拓前进。

(二)"云端见"赋能"双向奔赴"

上海海洋大学全力用好用活官方新媒体平台,扎实推进微信、微博、哔哩哔哩、快手、抖音等平台建设,打造优秀高校网络文化作品,用积极健康的网络平台、网络文化紧紧"粘"住学生,不断提升育人实效。上海海洋大学的推送365天不间断,公众号影响力不断提升。2022年度,上海海洋大学公众号共发布推文315篇,阅读总量283万次,粉丝数76911。2022年上半年,上海海洋大学公众号排名为上海市第4名、全国第37名。上海海洋大学的微博关注度、影响力持续提升,视频平台持续发力。上海海洋大学抖音号发布视频643条,播放量累计12亿次,粉丝量达122.7万,获赞4103万次,单条视频点赞量最高超186.6

万次,2022 年第一季度抖音号影响力位居全国高校第一。当前,直播成为新媒体的新增长点,上海海洋大学全年共计直播 93 场,累计观看人数 132.9 万。上海海洋大学开设"求职直播间",就业直播受到新华社、教育部"微言教育"、中国教育电视台、《中国青年报》、《南方都市报》、海峡之声、上海电视台、劳动观察、《文汇报》、《新民晚报》、《上海科技报》、上海教育、《新闻晨报》、第一教育、界面新闻等媒体广泛关注。以"上海海洋大学就业推介"为关键词,在百度检索可搜到相关词条 160 万个。

基于 SDGs 模式的远洋渔业人才培养路径之思考与实践
——以上海海洋大学为例

上海海洋大学海洋科学学院/张宜振

　　随着国际社会对海洋渔业资源养护的重视,远洋渔业人才培养融入可持续发展目标是实现海洋渔业可持续发展的关键举措。联合国从《21 世纪议程》到《2030 可持续发展议程》,不断丰富和拓展海洋渔业可持续发展目标。2016 年,我国颁布的《中国落实 2030 可持续发展议程国别方案》(以下简称《方案》)明确提出,"中国采取可持续的方式管理海洋和海洋资源并保护海洋及海洋生态系统",奠定了"SDGs + 远洋渔业人才培养"模式的理论基础。目前,国内远洋渔业人才的培养方案尚不能满足我国负责任远洋渔业强国的要求,急需基于 SDGs 模式来寻求远洋渔业人才培养路径。2017 年,上海海洋大学凭借优秀的特色远洋渔业人才培养模式,打破身份壁垒,成功建设"双一流"水产学科。由此,上海海洋大学作为水产教育领域的"双一流"建设高校和首要远洋渔业人才培养基地,在基于 SDGs 模式的远洋渔业人才建设路径方面进行了一定的思考与实践。

一、可持续发展与远洋渔业人才培养路径的相关性分析

(一)"双一流"学科建设的有机路径

　　远洋渔业人才培养的可持续发展路径,是地方海洋水产类高校打

破身份壁垒,建设"双一流"学科的战略性和决定性因素。一流的人才培养是世界一流大学和一流学科最主要的特征,是高等教育事业发展的重要推动力量。国际社会对海洋渔业资源和海洋经济可持续发展非常重视,频繁颁布法律条令来控制远洋渔业捕捞行为、资源管理、贸易流动、履约谈判等国际标准。传统的专业人才培养模式难以满足新时代负责任远洋渔业强国建设和高层次人才数量的需求。基于SGDs模式的远洋渔业人才培养路径,是在建设"国际上有重要影响的高水平特色大学"的"双一流"学科路途上,通过可持续发展教育,培养学生具备可持续发展的国际视野、负责任的渔业态度和海洋生物资源养护与管理能力,从而提供给国家负责任远洋渔业强国、海洋生态文明和地方经济可持续发展所需的创新型复合应用特色人才,整体提升国家参与全球海洋渔业治理的人才储备质量,拔高我国全球海洋渔业治理能力和话语权。

(二)企业拔尖创新发展的有效途径

1. 实现人才流动的管理制度

远洋渔业人才培养的可持续发展路径能有效缓解企业高层次人才紧缺和人才严重流失。我国已成为国际远洋渔业大国,远洋渔业捕捞船队规模位列世界第一,但远洋渔业高层次复合应用型人才数量依旧不足。一是基于远洋渔业工作环境的艰苦性和风险性,愿意主动报考并投身到远洋渔业的优秀人才稀少,专业调剂生源的忠诚度不高,企业人才流失严重。二是突发公共卫生事件严重影响私有企业的可持续发展,更多的应届毕业生选择涌入体制内就业。基于SDGs模式的远洋渔业人才培养路径,能实现远洋渔业人才定向流动。高校持续为企业供给高素质人才,企业向高校输送资质雄厚的职业教师,人才双向流动管理制度支撑着地方经济发展,由此引导企业成功向可持续发展转型升级,提高企业市场竞争力。

2. 基于科技创新的贸易流动

渔业可持续发展目标已成为提升渔产品质量的新型外部优势,绿色渔产品(满足渔业可持续发展目标)的负责任捕捞、生产和贸易流动过程需要创新科技监控系统来追溯核实。在 SDGs 大趋势下,海洋渔业传统薄利多销的粗放贸易方式不再具备市场竞争优势,现行符合可持续发展理念的绿色渔产品已由价格优势转为环境优势。近年来,为保证负责任渔业国家的贸易公平性,美国采用了 SIMP 进口监控措施和水产品贸易可追溯制度,以打击渔业非法、不报告和不管制捕捞(IUU)及假用生态标签的非负责任渔产品进出口。处于实施初期的 SIMP 监控渔业种类较少,对中国渔产品贸易流动影响较小。一旦实践成熟,SIMP 将大范围限制中国渔业输入美国市场。SIMP 监控并收集着从捕捞、运输、卸载、上岸、转运、加工、进出口到销售的整个产业链上的海洋哺乳动物安全数据,这需要匹配懂得专业远洋渔业遥感与 GIS 技术系统、鱼群探测系统、自动导航系统等现代化监控系统的科技创新人才来追溯渔产品贸易流向。但是,目前我国极大部分远洋渔业企业普遍存在专业技术人才后备不足的严重问题。

(三) 地方经济可持续发展的新时代要求

1. 国内渔业资源养护与管理模式的创新

根据渔业类型匹配远洋渔业管理人才数量,国内渔业资源养护与管理模式逐渐精细化。美国强权政治利用贸易禁令,倒逼他国创新与其管制效果相当(comparable)的渔业资源养护与管理模式。一是细分渔业类型需求。现行渔业资源养护与管理要求不再局限于目标鱼种,还包括渔业兼捕物种的可持续性。我国在以往根据渔业捕捞地点(近海渔业、远洋渔业、跨境渔业)、时间(禁渔期、休渔期)、渔具(大型围网、网目尺寸等)、渔法(是否环境友好型)、目标鱼种(金枪鱼等)、渔船(大小、功率)等标准细分渔业类型的基础上,增加兼捕渔获物(海豚等水生野生动物)和渔业风险性(兼捕渔获物伤亡程度)两种标准,渔业风险越大,匹配人数越多。二是资源评估需求。基于科学的资源评估,才能精准细分渔业类型。由此,精确投放适量的远洋渔业管理人才,能够有效提升渔业资源养护与管理效率。三是监管计划需求。科学的资源评估是建立在真实且准确收集到的数据基础之上,因此需要强效的监管系统。除了匹配高新技术设备外,还要培训船长和船员的资源认知能力、可持续发展理念和负责任渔业行为。同时,培训专业知识和实践能力过硬的观察员,提高观察员覆盖率,用以监督船员捕捞行为并收集可靠数据。

2. 国家海洋权益保护与海洋发展战略新挑战

《联合国海洋法公约》(UNCLOS)的颁布推进了国家海洋权益保护与海洋发展战略进程,高校急需培养具有家国情怀的远洋渔业人才来建设海洋强国和实现海洋经济可持续发展。一方面,沿海国为争夺渔业资源和维护本国海洋权益,根据《联合国海洋法公约》,相继宣布 200 海里专属经济区(EEZ),从而在以往内海、领海的基础上拓宽了海域管辖范围,迫使船旗国转向远洋渔业,加重了远洋海洋生物资源耗竭和国际渔业争端。另一方面,由于海洋生物资源具有流动性和高度洄游性,必然会跨越各国海域边界范围,各国其实在共享海洋生物资源,从而凸显了习近平总书记提出的海洋命运共同体理念。海洋命运共同体理念是在牢固树立"绿水青山就是金山银山"理念的基础上,进一步提出"一带一路"等新海洋发展战略。高校要通过教育来增强学生海洋维权意识,高效利用海洋生物资源来实现海洋经济可持续发展,促进海洋权利、海洋经济和海洋生态协调发展。

3. 国际海洋生物资源养护与国际谈判新需求

关于海洋生物资源可持续发展的国际公约、多边养护协定、负责任渔业国际行动计划被国际社会不断提上议程,高校急需培养一批拥有国际可持续发展视野的履约人才和熟知国内外渔业管理法规的远洋渔业人才参与议程。鉴于海洋生物资源的共享性,以及国际社会不再局限于渔业目标鱼种,渔业兼捕(bycatch)渔获物的关注度也在提高。各利益相关国家有必要根据《联合国海洋法公约》来建立分区域或区域渔业管理组织(RFMOs),并且谈判签署多边协定来合作履行共同的渔业养护与管理义务。所以,远洋渔业人才需要积极参加联合国渔业可持续发展决议磋商、国家管辖范围以外区域海洋生物多样性(BBNJ)等多边协定谈判,以及打击 IUU 等国际行动计划的国际渔业治理规则制定,为发展中国家发声,提升国际话语权,树立中国负责任渔业大国的形象。同时,要避免国际社会制定高于发展中国家水平的养护与管理标准,从而损害我国远洋渔业合法权益。高校通过教育来培养学生海洋生物资源养护与管理意识,提高国际谈判能力,借助国际平台贡献中国智慧,影响国际海洋生物资源养护与管理规则和政策。

二、上海海洋大学远洋渔业人才培养路径及问题

(一)"校—企"成果转化人才培养实施计划

1. 深化产学研用相结合的人才培养模式

上海海洋大学开创"四位一体"理事会来管理远洋渔业学院的人才培养新模式,实现产学研用协同创新。为了满足负责任渔业强国建设的高层次专业人才紧缺需求,上海海洋大学与政府、企业、行业协会协同创立理事会,在创建远洋渔业学院的基础上,建立海洋科学研究院。上海海洋大学以远洋渔业学院为依托,保持与中国水产总公司、中国水产科学研究院东海水产研究所、中国远洋渔业协会等企业、国家事业单位和渔政管理部门的长期合作,深化产学研用的结合度,形成政府主导、行业指导、企业参与、学校教学的联合培养人才的办学新机制。高校不能只停留在产教融合的初级合作阶段,还应该注重加强学生的核心职业素质和实践能力,加快学生快速适应并融入企业的时间。一是改革教学课程体系和人才培养方案。企业全程参与开发"大国海洋"系列示范课程和制定培养方案,合作拓建教学实践实验培训基地,为企业可持续发展培养应用型高质量人才。二是构建"学校+企业+海上生产一线"三师型师资队伍。教师深入企业和海上生产一线培训学习,企业深入学校投资管理和选派行业专家作为兼职教师,合作研究绿色可持续发展专项课题。高校和企业合作推进科研成果产业化,结合市场用户的体验与反馈进一步优化,促进企业科技创新成长。三是增加实践调研机会。上海海洋大学先后开展了"千里长江渔村行""行走的课题"等众多实践活动。

2. 探索"订单式"人才培养输出新路径

上海海洋大学采用五个层次的"订单式"人才培养模式。一是本科生采用"3+1"模式,主要培养远洋渔业履约人才、管理人才、经营人才

和技术人才。本科前三个年级在学校学习理论性基础课程和专业课程,四年级由学校和企业联合选拔优秀人才到远洋渔业企业、实习基地实习,择优转正。二是硕士研究生采用"2＋1"模式和"1＋2"模式,主要培养科技创新和学术成果转化应用的高层次专业人才。专业型硕士前两个年级在海上基地实践,三年级在学校学习理论课程和总结调研报告;学术型硕士不用出海实践,但是联合培养的学术型硕士一年级在学校学习理论课程,二年级和三年级在联合培养单位参与实践。上海海洋大学远洋渔业学院成立30多年来,学校联合企业、行业协会、事业单位、地方政府定向培养了约5000名专业能力过硬的远洋渔业紧缺人才。但是,上海海洋大学和企业的联系不够紧密,学校更注重对学生理论知识的培养,教师研究内容繁杂,企业能够直接参与教师学术课题的机会不多,这导致毕业生就业后仍需要"二次学习",企业遇到技术难题无法及时解决。

(二)"校一校"合作人才培养路径

1. 合作模式与方式

上海海洋大学的远洋渔业人才培养模式成功向国内水产类高校推广。上海海洋大学是中国水产高等教育的开创者和引领者,在水产教育领域具有不可忽视的地位和突出作用。上海海洋大学为中国高校的水产高等教育和海洋水产行业科技创新创业的可持续发展奠定了基础。百年建校以来,上海海洋大学与浙江海洋大学、广东海洋大学、日本东京海洋大学等涉海学科类高校签订了合作协议。各高校通过组建高校联盟组织、创办学业指导工作室等合作模式,分工合作,实现了校与校之间开放包容、资源信息共享、权益互惠、优势互鉴的"线上＋线下"可持续学习互动,各水产类高校联合为上海社会经济发展培养输送特色人才。

2. 合作内容与层次

上海海洋大学通过与各水产类高校开展交换生项目、举办学术交流会和专题研讨会、合作研发、同期举办技能竞赛、创建主题活动周、共建教学实验平台等,分阶段、分层次展开合作。2017年,《统筹推进世界一流大学和一流学科建设实施办法（暂行）》（以下简称《一流建设》）的颁布，表明国家已经把教育资源由原来集中投入到重点高校转变为发散到整个高等教育系统，这为上海海洋大学打破非重点工程大学的身份壁垒，获取更多教学资源提供了可能性。上海海洋大学多了一些与高层次学校合作交流的机会，有望建设"在国际上有重要影响的高水平特色大学"。以往受到身份壁垒的影响，上海海洋大学难以与国内外名校展开深层次的合作，也难以参与前沿课题，与高校之间的合作多停留在学术交流会议、学生互派学习，解决短期实验和实训基地等浅层需求，合作内容缺乏对学生培养方案的协作互评、行业建设的规划和学科教学课程的调整，单方面地针对相关研究领域和项目进行临时性合作，缺少长期稳定的运行机制。

（三）"校—地"合作共建人才培养实施策略

1. 国际型人才培养

上海海洋大学作为首批入选"高层次国际化人才培养创新实践基地"的高校，深入践行"绿水青山就是金山银山"理念，坚持"走出去"和"引进来"相结合，积极与政府组织和非政府组织合作开展国际型人才培养。一是建立高层次海内外远洋渔业实习基地。上海海洋大学每年选拔一批优秀的远洋渔业人才到国内远洋渔业协会、长江办等单位实习，使他们利用在校学习的知识和技能支撑当地行业经济发展，并加深对本国渔业渔情的了解，掌握基本知识和科学技术。同时，上海海洋大学的远洋渔业人才还远赴联合国粮农组织（FAO）等国际组织，以及美洲间热带金枪鱼组织（IATTC）、南极生物资源养护委员会（CCAMLR）、中西部太平洋渔业委员会（WCPFC）等7个区域渔业组织实习，学习吸纳国际海洋渔业法律法规，锻炼口语交际能力，输出中国优秀的海洋渔业养护与管理经验。二是外培内引，优化师资队伍。上海海洋大学向外输送教师到一线科研基地和国际组织实地考察培训，参与国际远洋渔业会议和谈判。上海海洋大学目前有9位骨干教师在国际区域渔业组织中担任重要职务，在极地调查与观测方面作出杰出贡献。上海海洋大学牵头实施全球首次环南极磷虾资源调查，构建环南极"一带一路"国际合作框架;向内引进国外组织优秀人才到校任教,采取"线上＋线下"教学模式举办专题讲座;推动全球渔业治理和多语种课程建设,促进学术文化交流,培养具有国际视野和国内外法律知识的复合型人才。2022 年的 110 周年校庆中,上海海洋大学与上海市水务局签订战略合作协议,双方在共建海洋科学研究院后,再次深化水域生态保护领域创新。

2. 法律政策保障机制

法律政策是促进高校与地方加强合作发展的重要保障。上海海洋大学主动对接地方远洋渔业主管部门,共同谋划专业人才的合作培养路径。一是依托《方案》和《一流建设》,改革远洋渔业可持续发展培养目标和规格,践行《关于实施卓越农林人才教育培养计划的意见》中"完善招生办法,鼓励有条件的地方开展订单定向免费教育,吸引一批热爱农林业的优质生源"的要求。二是政策倾斜,对参与可持续发展的高校,在人才引进、项目申请、师生出国深造培训、科学技术创新研发、教学实践基地建设等方面给予财政支持,设立专项国际型人才培养基金。三是参与制定法律法规,维护国家海洋权益。对内,上海海洋大学履约团队参与起草"十三五"与"十四五"渔业发展规划、《远洋渔业管理规定》和《中国远洋渔业履约白皮书》,为一线谈判、全球海洋治理前沿问题、学科交叉研究方法贡献才智;对外,上海海洋大学作为国家外交代表团,多次参加 CCAMLR 会议、ATCM 会议、《预防北冰洋不管制渔业协定》等极地政府会议和联合国层面会议,为国家参与极地海洋治理及维护海洋权益贡献智慧。

三、基于 SGDs 模式的远洋渔业人才培养路径之思考

(一)注重实践,创新"校—企"协同育人模式

1. 结合人才发展规律,全程融入可持续发展理念

人的身心发展具有阶段性、顺序性、不平衡性和个别差异性。北京师范大学林崇德团队将人才的成长分为自我探索期、集中训练期等五个阶段,不同阶段需要不同的人才培养方式。人才的培养要顺

应学生的认知规律,全程融入可持续发展理念,打破传统唯分数、唯升学、唯文凭、唯论文、唯帽子的评级模式,注重理论联系实际,避免阻碍学生自主学习能力和创新研究能力的发展。在人才培养过程中,高校需要抓住教育关键期,因材施教,由量变到质变,不能陵节而施。高校要结合人才发展规律,采用本硕"3 + 3"和本硕博"3 + 5"人才培养方式,完善高学历研究生定向培养和联合培养机制,优化激励制度,培养远洋渔业复合型精英人才。

2. 适应企业发展新趋势,整合拓建实习教学基地

发展远洋渔业是海洋强国建设的战略支撑,基于 SDGs 模式的人才培养路径是实现远洋渔业可持续发展的重要基础。高校应突破"重科研,轻教学"的理念,树立可持续发展目标,增强学生的负责任渔业和海洋生物资源养护与管理意识,注重学生实践实验技能的培养。一是与企业主动加强联系。高校要及时了解企业的绿色发展新趋势,联合构建满足企业新需求的实践课程和人才培养方案。二是拓建教学实践培养基地,实现人才双向流动。高校要结合可持续发展目标,在整合现有资源的基础上,拓建教学实践培养基地。师生深入企业基地现场教学和开展培训,高校聘请国内外行业专家作为远洋渔业实践课程的兼职导师,落实"双考核""双管理""双扶持"的教师培养制度。高校培养人才反哺到企业,为企业输送发展所需的专业技术人才,实现优势互补、互惠互利。

(二) 交叉学科,提升"校—校"合作层次

1. 组建一流跨学科师资队伍,辐射带动行业可持续发展

远洋渔业是一个学科高度交叉,且技术高度集中又极其复杂的综合性产业,师资队伍的综合素质直接影响学生的学习能力和创新能力的培养。远洋渔业急需跨学科、懂国内外渔业法、会养护与管理、会监控高水平技术的复合创新型人才,因此高校要引进交叉类学科教师,增设学科类型,开设"海洋强国""海洋经济可持续发展"课程,强化学生的海洋生物资源养护与管理意识。高校应结合高新技术创新发展和强化贸易限制措施的国际渔业治理形势,创建涵盖优势学科高校、前沿科研

机构、企业、行业协会的顶尖人才队伍的联盟组织,共同构建资源共享、责任共担、合作发展的具有地方特色的远洋渔业人才培养模式。高校应组建一流跨学科师资队伍,强强联合,有效发挥学科的聚合效应,实现学科交叉融合和优势互补,从而辐射引领远洋渔业实现可持续发展目标。线下教育长期中断的情况下,依靠线上教育维持"停课不停学"的教学修复过程证明,教师在维持人才培养的可持续性上起着关键作用。联合国教科文组织资料显示,全球近2/3的适龄学习者因为家中无法上网而失去学习机会。

2. 深化合作内容与层次,推动复合应用型人才培养

高校可以紧抓"双一流"建设的政策契机,进一步完善"跨学科专业交叉融合""教学与科研实践融合"和"创新创业与专业教育融合"的"三融合"人才培养模式。高校可以通过签署合约来深化合作内容,建立长效合作机制,分阶段执行实施。高校应加强学科交叉融合科研项目研究,丰富专题讲座与研讨会内容,利用共同搭建的交流平台共享教学资源,按照中专、高职、本科的浅层次和"双一流"学科的深层次,由浅入深,用深层次拉动浅层次,并建立衔接过渡的合作层次,从而有计划、有层次地推动复合应用型人才培养。

(三)接轨国际,优化"校—地"合作模式

1. 接轨国际标准,培养绿色远洋渔业人才

国家为海洋生物资源养护与管理设立了负责任远洋渔业行为标准。第二届"一带一路"国际合作高峰论坛中,在联合国环境规划署的大力支持下,"一带一路"绿色国际联盟成立。将远洋渔业人才培养提升到为国家参与全球海洋渔业治理进行人才储备的战略高度,能够更好地促进"一带一路"与联合国可持续发展目标的对接。通过树立负责任渔业大国形象,我国能够提升在国际事务中的话语权,从而更好地推动和发挥高等教育机构在可持续教育方面所蕴藏的巨大创新潜力,更好地为"一带一路"建设提供强有力的人才支撑。

2. 顺应新时代要求,完善法律保障合作机制

新时代要求远洋渔业人才具备可持续发展视野。一是颁布优惠政

策。对于参与"校—地"合作的地方组织,按一定比例减免教学培训税或退税。同时,设立人才培养专项基金,用于"校—地"合作中的教育培训和教学实践基地建设。此外,为参与"校—地"合作的远洋渔业高校提供优惠政策,在招生引才、"双一流"学科建设、人才培养课题申请和实习就业方面放松要求,并给予财政补贴和住房优惠。二是完善法律合作机制,健全人才选拔机制和就业评价机制。完善人才选拔程序,保证公平、公正和公开;完善就业评价机制,多层次地综合考核职业能力和素质。支持和引导"校—地"合作向合作教学方式发展,助力学生适应国际化学习环境,拓宽学生的国际视野,使他们成长为国际型人才。

结语

水产高等教育基于联合国 2030 年可持续发展目标推动远洋渔业人才培养的可持续发展,能兼顾发展海洋经济、维护海洋权益、建设海洋强国、落实海洋生物资源养护与管理的海洋发展战略和实现渔业可持续发展,持续为国家、企业、行业、国际社会提供高层次和高质量的远洋渔业人才,形成良性循环。上海海洋大学充分整合利用现有教学资源,优化"校—企""校—校""校—地"人才培养合作模式,力争做到优势互补、重点突出、互利互惠、共同发展,实现双向共赢。

"三全育人"视域下高校思想政治工作协同机制构建浅探

上海海洋大学经济管理学院 / 蔡晓芬

广东科学技术职业学院 / 吴泳成　闫　茹

思想政治工作是高校一切工作的"生命线",全员、全过程、全方位的"三全育人"理念对高校思想政治工作提出了更高的要求。目前,我国高校思想政治教育工作虽然取得了很大的成就,但是也隐含着诸多问题,尤其在增强思想政治教育工作实效性这一项复杂艰辛的系统工程方面,还有很大的提升空间。本文以"三全育人"改革实践为切入点,探索增强思想政治教育实效性的有效途径,为高校思想政治教育工作的发展提供新的思路。

一、高校思想政治工作"三全育人"协同机制的现实与需求

当前,关于高校思政教育合力育人的研究与探索,不管是在理论上还是实践上均有一些发展。

"三全育人"研究方面,很多专家和学者围绕着"三全育人"的理论意义、内涵、实践路径等进行探讨与论述。研究者总体认为,"三全育人"的核心任务是育人,主体要素、时间要素和空间要素均为育人工作服务。高校教职工等全员育人是主体要素,从入学到毕业等全过程育人是时间要素,课内外实践、科研创新、文化教育和媒体素养等全方位

育人是空间要素。"三全育人"是马克思的人与环境理论的最新思考,丰富和充实了中国化马克思主义青年观理论,并且深化和提升了关于立德树人的认识,同时为新时代高校思政工作提供了实践框架,指出要建设教育强国,就必须将各类育人资源和育人力量有效整合,使之成为思想政治教育的坚实基础。实践方面,有学者认为需要综合改革,从育人工作理念、内容、方法、载体上,以及政策、体制、机制上调整优化;也有学者强调机制建设,构建领导工作机制、评价考核机制、人才培养机制、协同育人机制等。

(一) 完善"三全育人"思政协同工作的迫切要求

落实立德树人这一根本任务,需要在"三全育人"视角下结合系统学等理论,将高校思想政治工作所涉及的各要素协同起来,以科学的机制进行联系与润滑,使所有要素实现优势互补与整合,从而最有效地发挥协同合力,培养德智体美劳全面发展的合格建设者和可靠接班人。

从系统论的角度来说,高校思想政治工作要想发挥最大效用,就必须使所有要素都符合实践发展要求,并且相互之间能够产生同构协同作用。因此,要建立"三全育人"协同育人机制,有效整合思政教师、辅导员及组织、宣传、后勤、教务等部门人员力量,加大课程改革力度,从思政课拓展到所有课程,实现从"思政课程"到"课程思政""全员思政"的转变,进而使思想政治教育与教育教学实践过程深度融合,实现"三全育人"效果的最优化。

(二) 深化"三全育人"思政协同工作的现实要求

1. 思想政治教育的全员育人未全面

当下,部分高校在创新全员育人机制上发力,注重全员化,如上海大学实施本科生全程导师制,使专业教师充分参与到育人过程中。很多高校在辅导员参与思政合作育人方面也有相当的成果和经验。但是,仍有不少高校思想政治教育的主体仍集中在思想政治课教师和学工系统上,职能部门和专业教师往往被忽略,未能真正实现全员育人。经调研,83%的教师认为应该参与到全员育人过程中,但目前没有明确的机制指导如何参与。高校各部门在开展大学生思想政治教育方面的协同性不够，各干各事，主要体现在教学部门和职能部门、思想政治课程和专业课程、学工系统和管理系统等多方联动性不强。很多高校的职能部门对学生的思想政治教育完全不涉及，不能帮助学生很好地解决实际问题。专业教师与学生关系更为紧密，但大多都只负责专业知识的讲授，很难发挥思想政治教育的协同作用。思想政治教育工作是一个系统性工程，需要内部个体相互配合形成合力才能发挥整体的优势，从而产生实际效果。

2. 思想政治教育的全过程育人未同步

思想政治教育对象特性复杂，呈现时间性、阶段性，各阶段的学生对思想政治教育的需要均较高。据有关部门调查，46.4%的新生和31.6%的高年级学生认为大学生思想政治教育对他们的思想产生影响，几乎所有的学生都认为思想政治教育内容要贴近大学生的实际生活和实际思想。思想政治教育应结合学生特点，围绕学生发展过程，有重点、分层次地开展。然而，现状是很多高校的育人主体要素之间分工分职，在时间维度内政策打架、计划冲突、理念偏差，没有能够体现立德树人的育人共性目标。在教育内容上，如思想政治教育活动的开展，很多高校都流于形式，设计上缺乏创新，品牌活动和特色项目较少，同质化的活动较多，活动效果达不到预期，难以提高学生参与活动的积极性。一些高校的思想政治课堂教学还停留在传统的教师知识输出、学生被动接受的阶段，互动问答交流简单，课程导入设置机械，缺乏生动性和吸引力。

3. 思想政治教育的全方位育人未合力

全方位育人要求在教育教学、课上课下、校内校外、线上线下进行融合贯通。通过政策激励等方面的措施，很多高校已经逐渐构建起"全方位、立体化、持续性"的思政育人格局，营造出"时时、事事、处处"的育人氛围。但是，由于高校部门分属和职能的不同，对思想政治教育的理解和实施存在着较大差异，以至于未切实产生合力教育的效益。

二、"三全育人"视域下高校思想政治工作协同机制的构建

(一)"三全育人"视域下高校思想政治工作协同的内涵

关于协同的含义,当前学界有很多观点。"协同反映的是事物之间、系统或要素之间保持合作性、集体性的状态和趋势。""协同就是系统中内部各要素之间相互作用,从而形成新的整体状态和趋势,协同强调整合、协作的一致性或和谐性,以及在某种模式的支配下,事物或系统产生不同于原来状态的质变过程。"在大学生思想政治教育中引入协同理念,其协同性就是大学生思想政治教育各子系统内部的各部门之间、各层级之间及各个环节之间相互协调与配合,形成井然有序的组织结构,呈现思想政治教育的整体功能,并达到思想政治教育效能最大化的状态。

关于高校思想政治工作协同机制的研究不多,主要涉及三类视角:

一是以不同理论作为支撑的高校思想政治工作协同机制研究。部分学者以协同理论作为支撑,认为在协同理论视域的框架下,通过明确边界、强化序参量和设定规则,让各子系统协同共振,从而构建有效的高校思政协同育人机制。还有部分学者以整体性思想为切入点,认为高校要从构建共同愿景、完善协同机制和实施平台战略等方面入手,提高思想政治教育的整体性和协同性。

二是以不同主体为研究视角的高校思想政治工作协同机制研究。学界有以单一系统内的主体为视角的协同机制研究,既有人提出构建高校思想政治教育管理队伍协同创新机制,也有人提出加强高校教师思想政治工作,还有人提出辅导员的专业化、职业化、专家化建设。学界也有以不同系统内的主体为视角的协同机制研究,提出构建主体单一性走向多元化的协同机制,充分发挥高校党政干部、思政课教师、专业课教师、辅导员和班主任的作用,从制度建设、活动安排、教学管理和服务等方面完善协同机制。

三是以工作内容为研究对象的高校思想政治工作协同机制研究。学界有以课题教学为研究对象的协同机制研究,提出构建教学管理、教

学内容和教学过程的协作机制。有以多渠道教学协同为研究对象的协同机制研究,提出从理想信念教育、社会主义核心价值观和意识形态教育方面构建协同机制。此外,还有以校园文化、高校党建工作、高校学生工作等为研究对象的协同机制研究。

总体而言,目前,学界针对高校思想政治工作协同机制的研究成果主要呈现以下几个方面的特点:第一,研究站位不断提高,逐渐深化了对"大思政""全过程育人""全方位育人"的理解和探索,从高等教育系统乃至国家和社会发展战略的高度进行考量。第二,研究范畴紧跟时代,在互联网背景下,高校思想政治工作协同机制研究不断深入和多元化发展。第三,研究视角紧密结合实践发展,聚焦高校思想政治工作的实践探索,包括思政课教学改革、辅导员工作与专业教师教学的协同创新等。

同时,以上研究也存在一些问题。一方面,针对高校思想政治工作协同机制的研究,无论是研究视角还是研究内容都不够全面和深入,往往只涉及独立系统内某一要素或某几个系统之间相互协同机制的研究。对于高校思想政治工作这样一个复杂且庞大的系统来说,只有发挥所有要素的协同作用,使之产生协同合力,才能够有效提升高校思想政治工作的实效性。另一方面,针对高校思想政治工作协同机制的研究,大多以宏观设计或机制创新为主,而对协同机制的机理研究、协同机制的具体措施等方面的探索还不够完善和深入。

(二)"三全育人"视域下高校思想政治工作协同机制的机理

"三全育人"视域下的高校思想政治教育强调多向性、联系性,其工作机制凸显了序参量特征、非平衡性特征和协同特征,与协同理论中基于适应性主体及其相互之间作用的建模与模拟分析方法具有高度的理论契合性。

思政工作育人主体具有序参量特征。序参量是协同理论中最重要的概念。序参量通过变化来指示新结构的形成,反映新结构的有序程度,代表着系统状态,是系统内部子系统相互竞争和协同的产物,起着支配或役使各子系统、主宰系统整体演化发展的作用。大学生思想政治教育的实施行为主体,如党政领导、专业教师、职能部门、思政队伍等,依靠的是高校内部或外部的资源配置,其演化和形成的速度比较快,在不同时期内依次起着序参量的作用,推动系统实现从无序到有序的自组织形态。

思政工作育人过程具有非平衡性特征。协同理论应用的前提假设之一,是系统在从无序状态进化为有序状态的过程中,除了要有内部协同作用的机制外,还需与外部环境进行物质、能量和信息的交换。大学生思想政治教育工作的环境是开放的动态系统。人才培养过程中的多部门、多主体之间的互动均是动态变化的,系统内部存在着较大的非平衡性。内部协同是系统开放性、秩序性、关联性的统一。思政工作系统需及时应对学生思想的更新和变化,不断调整现有结构,补充新的内容。

思政工作育人内容具有方位协同特征。要实现结构、形态和属性的创新与发展,离不开系统内子系统之间协同的非线性相互作用。思想政治教育工作包括思想、组织、队伍、制度等若干个子系统,它们之间的纵向协同和横向协同是思想政治教育工作的连续性与结构性的保障。

(三)"三全育人"视域下高校思想政治工作协同的具体措施

1. 主体协同机制

育人工作的主体,广义上为学校教职工、学生、家长和社会,狭义上仅指教职工。育人主体队伍应包含党政干部、职能部门、学科教师、辅导员和班导师等,构建全员育人视角的协同育人。纵向上,发挥党政上层设计的作用,引领全体教职工,以教育指导最大多数的学生。党政干部从意识形态落实角度进行育人;职能部门提高工作职责意识,强化思政主导地位,促进部门管理育人;学科教师推进理论体系建设,强化课程深度参与,以师德师风育人;导师和辅导员实现专业化、职业化育人。横向上,推动党团协作的政治塑造、思想政治课教师与哲学社会科学课教师的思想价值合作、心理工作教师和专业教师的成长成才协同指导、机关保障教师与辅导员的人文协同关怀等。

2. 过程协同机制

全过程育人要实现将大学生从入学到毕业的各个阶段的思想政治工作的目标、内容、方法有效衔接,抓住关键环节,从纵向时间效度上合力育人。从政治工作研究上形成合力,各方主体共同构建"大思政"和"大党建"的协同研究团队,建设智库,厘清大学生从高中进入大学后的思想政治教育变化,适应性调整教育目标和策略,为各部门开展思政教育提供指导。同时,各部门厘清自身工作职责,强调结合大学生心理特点,明确岗位育人的问题、目标和责任后,各部门协同形成工作机制,统一步调,统一谋划、部署、推进、评价,特别是在关键环节上(如入学、创优、毕业等)实现资源共享、优势互补,推动"大思政"教育。

3. 方位协同机制

全方位育人的关键在于教育环境的建设,包括教育与教学、理论与实践、校内与校外、线上与线下。思政教育的各方位难以分清主次,同时并存,需保证横向运行的平行性及教育质量的同效性。教学作为第一课堂,要通过课堂思政,将思政教育结合到专业教育、通识教育、创新创业教育中,根植信念和价值观。第二课堂的实践应以理论为指导,结合学生需要,优化设计主题教育、社会实践等课外活动,引入校内外资源,将思政教育核心价值观融合进各项活动,使得学生在实践过程中深化对理想信念、核心价值观、传统文化等的理解和认同。随着思想政治教育占领网络平台,要重视虚拟与现实的横向协同,建设舆情预警与监督机制,注重网络文化队伍的建设,打造网络思想政治教育的阵地,在教育过程中关注网络大数据建设,形成多主体之间线上与线下的信息互动。

大学生思想政治教育"新三同"机理分析与实践路径研究

上海海洋大学海洋文化与法律学院 / 李志强

习近平总书记在全国高校思想政治工作会议上指出,"思想政治工作从根本上说是做人的工作,必须围绕学生、关照学生、服务学生,不断提高学生思想水平、政治觉悟、道德品质、文化素养,让学生成为德才兼备、全面发展的人才"。在"三全育人"的新时代背景下,因事而化、因时而进、因势而新是高校学生思想政治工作的总要求。上海市于2007年实行"同吃、同住、同学习"辅导员工作制度后,在持续推进"三全育人"的进程中,积极应对网络时代的到来,遵循思想政治教育规律和人才成长规律,探索提出"同场域、同频率、同成长"的"新三同"制度,努力打造"三全育人"生态圈,使"新三同"成为新时代高校思政教育工作的生动案例。部分学者从"新三同"是营造"三全育人"生态圈的有效实践、"新三同"线上线下协同、"新三同"对辅导员工作模式的改进等方面进行了研究,但总体上看,理论研究成果较少,学理分析还不够深入,并且实践探索多系自发还不够系统,社会影响较小。在高校思想政治教育"新三同"的理论开掘与实践探索中,"新三同"蕴含的学理逻辑与内在规律需要进一步明晰,如何更有效地实施"新三同"的育人路径需要进一步探索和实践。

一、大学生思想政治教育工作"新三同"的转变背景

（一）思想政治教育工作环境发生新变化

信息技术的发展和普及，让越来越多的人更加方便地利用互联网获取信息、参与学习和工作，以及从事各种社会交往活动。互联网已经渗透到人们生活的方方面面，融入人类生活的各个领域。"互联网越来越成为人们学习、工作、生活的新空间，越来越成为获取公共服务的新平台。"随着互联网大数据时代的到来，网络融入了大学生学习、生活的各个方面，高校思想政治教育工作面临着新要求和新挑战，必须实现育人空间由生活空间向网络空间的延伸。互联网社会里，青年大学生已经离不开网络，网络就如空气一般维持着人的生存状态。人人都不可忽视网络，网络已经成为思想政治教育必须进入并占领的新阵地，这是思想政治教育工作者回应互联网时代需求必须面对并解答的问题。高校思想政治教育是教育坚持社会主义方向的保证，是人才培养的保障，是社会和谐稳定的基石，网络这块阵地是不可忽视且必须守住的能量场。

（二）思想政治教育工作对象呈现新特点

青年大学生活跃在微博、微信、微视频等各种互联网应用平台，已在其中成为一支重要的群体和新生力量。在现实生活中，大学生接触到社会上多元的文化观念，受到不同意识形态和价值观的影响与感染。特别是随着改革开放的进一步深入，西方社会中的思想和观念（如消费文化、视觉文化等）与中华优秀传统文化（如勤俭节约、朴实无华等）产生了思想碰撞，人们依据自己的价值判断有多样化选择的自由，但青年大学生的思想和价值观的养成也会受到巨大的冲击。大学生因自身缺乏信息筛选和批判吸收能力，思想价值观和政治素养仍不成熟，对社会、经济、政治、文化关系的主观认知容易出现偏差或产生迷茫。与此同时，随着大学生主体意识的日益激发，以及基于青年大学生群体所具有的思维活跃、敢于表达、个性张扬等特点，他们参与社会生活、表达意见的愿望逐渐凸显。青年大学生对新媒体有着很强的天然接受性，已

经习惯于并善于把自媒体作为追求自身价值、表达主体意识的一种方式和手段。面对海量的网络信息，大学生容易受到线上和线下、显性和隐性等多重因素的影响，将自己的想法全天候地在网络社区中予以表达，阐述自己对社会、文化、经济等问题的看法，甚至表现出带有一定创造性的自我预设、自我建构和自我发展。

（三）思想政治教育工作目标得到新拓展

教育的目标是立德树人。思想政治教育工作目标是教育者开展思想政治教育实践活动的价值指向和最终目的，指导着思想政治教育工作的方向和实施。为党育人、为国育才是高校思想政治教育一直追求的目标，在大学生的身心健康和成长成才方面发挥了促进作用，取得了重大成效。进入新时代以来，尤其是随着全员、全过程、全方位的"三全育人"的实施开展，思想政治教育工作者的素质将直接影响工作的顺利实施和成效取得。思想政治教育工作者逐渐由思想政治教育的保障因素转变为思想政治教育目标的重要组成部分，思想政治教育工作实施者自身因客观需要也成为了工作目的。辅导员队伍群体的职业化、专业化建设在职业能力标准颁布、专业技术职务评定、双向晋升通道互联等方面取得了一定成效，辅导员逐渐由忙于事务工作的"消防队员""保姆"转变为学生成长路上的知心朋友和人生导师，专家化建设也推动着思想政治教育学科的理论深度挖掘及实践厚度建设。青年大学生和思想政治教育工作者的相互反馈、互动式成长，使思想政治教育工作目标得到了拓展。

二、大学生思想政治教育工作"新三同"的内在学理逻辑

（一）"同场域"使辅导员与学生之间的共在由"物理场"变为"心理场"

"新三同"中的"同场域""同频率""同成长"具有紧密的关系，"同场域"是先导性因素，是"同频率""同成长"持续生成的基础。场域是指在各种位置之间存在的客观关系的一个网络或一个型构。"同场域"在方

法论上消除了主体和客体、主观和客观的二元对立,强调事物相互之间的关系在研究中的重要地位。每个人的行动均受到行动发生的场域之影响,它既包括物理环境,也包括他人的行为及与此相连的许多因素。"同场域"为实现"同频率"和"同成长"提供了可能,是"同频率""同成长"的泛在式、共融性环境。互联网时代背景下,大学生的生活场域由单一的生活园区变为传统生活园区与线上网络社区并存,呈现出贯穿大学生学习、生活的全时空立体化特征。这就要求我们将思想政治教育工作的场域空间进行拓展,线上线下相结合,使围绕大学生成长的各种要素都蕴含其中。同时,设计活动时要遵循教育教学规律、思想政治教育规律及学生成长规律,避免学生在参与活动时仅仅"身体在场",实现大学生参与思想政治教育的全身心融入。

(二)"同频率"使辅导员与学生之间的互动由"单人演"变为"协奏曲"

在教育教学中,学生是主体,教师是主导。以往的思想政治教育,思政工作者通常采用"灌输法"或单向度的教育法,"我讲你听",教育者"言之谆谆"而口干舌燥,受教育者"听之藐藐"而无动于衷,提高思政教育的实效性一直是我们要思考和解决的问题。教育者精心设计了很多活动,学生却少有主动参加者或只是被动式参与。辅导员跟学生说得上,学生听得进,才能把工作做到学生心里,真正地入耳、入脑、入心。"同频率"要求我们在进行思想政治教育时,充分考虑到学生的所思所想,从"供给侧结构改革"角度优化思政教育内容提供,避免自说自话式的独角戏表演,要让学生参与进来,进行活动内容的设计与评价。大学生在心底树立自己是活动的"主人翁"而非"旁观者"意识,学生在进入社会后以舍我其谁的态度和行动投身社会主义现代化强国建设。"同频率"是对学生开展思政教育在时空角度关联后,态度与情感上相通的体现,是在物理空间、网络空间、心理空间等"同场域"基础上的深化,是师生关系的进一步融洽和情感卷入,也是思政教育取得预期效果的必备元素。

(三)"同成长"使辅导员与学生之间的目标由"助你飞"变为"共同飞"

思想政治教育工作的主导是教育者,主体是学生,出发点和落脚点指向学生思政素质的提升,思想政治教育的各环节、各要素都应围绕着人而展开。"同成长"是"同场域""同频率"的目的指向所在,是开展思政教育的最终目的在学生身上的体现,教育者在此过程中同时实现职业素质、品格修养、自我价值等多方面能力的提升。"同成长"是党和国家、教育者和受教育者开展思政教育的内生动力,不能实现受教育者成长的思政教育是无效果的,不能实现教育者成长的思政教育是不可持续的。辅导员要了解学生的价值需要和成长需求,解决他们的思想、学业、心理、生活、发展等问题,做学生德智体美劳全面发展的同行者和促进者,并在学生成长成才的发展过程中增强自身综合素质能力,实现师生共同发展的"双收获"。辅导员与学生在教育过程中,共同面对学生成长过程中的挫折和难题,与学生站在一起、想在一起,形成互促成长的教育命运共同体。

三、大学生思想政治教育工作"新三同"的实践路径探索

"三全育人"对新时代高校思政工作提出了新要求,设计了新格局,开创了新局面,由点式、线状结构转变为立体、网状结构。"新三同"突出人在高校思想政治教育工作中的主体地位,在育人环境上实现空间拓展,在育人方式上注重各种元素协同作用的发挥,在育人主体上注重力量整合,在实践层面打造充满生机的"三全育人"思政生态系统。

(一)无缝隙贴近学生群体,实现与学生的多场域共同融合

充分发挥生活园区育人功能,结合新时代大学生身心特点及接受规律,在学生社区打造一个服务党建引领、学风建设、文化陶冶、劳动锻炼等学生各方面成长的新型平台。以社区党建服务中心为阵地,提升社区特设党支部的服务质量和水平。突出思想引领,承担立德树人任务,坚持不懈用马克思主义中国化时代化最新理论成果武装大学生头

脑,感悟真理魅力。突出学生骨干带动,提升社区治理水平,不断提高学生党团组织力、社会号召力,更好地为学生服务。突出以文化人,营造健康向上的社区文化环境,团结带领同学争做社区主人,共同打造和谐向上的美丽家园。同时,融合好各方力量,充分发挥好中心的平台与窗口的作用和功能,培养青年学生以实现中华民族伟大复兴为己任,擦亮青春的奋斗底色,成为不负时代、不负韶华、不负党和人民殷切期望的时代新人。以互联网时代特点为基础,实现线上线下相融合的时空转场。大学生在互联网上"时时在线",对学生思想状态的把握需要现实空间与虚拟空间融合,育人工作融入学生的精神世界和情感生活。把握好推荐算法的信息过滤功能,变单纯兴趣导向的推荐算法为有利于学生成长的"编辑算法"。激活"沉默的螺旋",使大学生都能在网络空间中展现自我,以多角度的观点呈现来避免群体极化现象的发生。

(二) 把握青年思想特点,有针对性地"同频率"开展思想政治教育

当代青年大学生的思想状况是辅导员开展思想政治教育工作的基础。青年大学生既具有青年人普遍呈现出的朝气蓬勃特点,又具有部分青年人的"躺平""佛系"心态,是理想与现实之间存在张力的矛盾综合体。教育者不能模式化地把大学生作为学校里的"受教育者"、思想上的"未成年人"对待,要从主客体相统一的角度来理性、辩证地看待,因材施教,在多场域中营造无时无处不在的思想政治教育情感共鸣。教育方式上,用青年人喜闻乐见的方式,把"有意义"的事情变得"有意思",潜移默化地浸透教育理念。例如,针对文科学生思维活跃的特点,加强学生理论社团建设,结合实际开展"学、讲、赛、践"活动。以"学"为己任,通过组织"悦读会"、经典著作导读等活动,带领学生学习贯彻习近平新时代中国特色社会主义思想,在新时代学习新内涵;以"传"为使命,通过读书与心得结合、学习与分享结合、线上与线下结合,用通俗易懂的语言,由点及面地传递新思想;以"行"为目的,在新时代践行新要求。对照乡村振兴及长江大保护等国家战略,组织学生骨干开展暑期社会实践项目。发挥专业优势,让学生走进社区、渔村开展调研,将课堂上学习的专业理论知识用于社会实践中,引导学生牢固树立"四个正

确认识"。

（三）注重综合素质提高，以职业化、专业化促进成长效果提升

教育的落脚点在于学生的培养，关键点在于育人主体以学生为中心的思维体系、思想体系和工作体系。"三全育人"体系中，辅导员是学校聚焦学生成长各方资源的整合者、协同者，是全员育人中发挥着主导作用的关键节点，是学生思政教育的骨干力量，要通过自身水平的提升来促进育人质量的提高。辅导员的职业发展必须着眼于大学生的健康成长，立足于提升大学生思想政治教育工作实效，把握时代发展新趋势和青年学生新特点，因势利导、因势而变，在勇于创新、善于创新中走职业化、专业化发展道路。时代之问、中国之问、价值之问等也成为辅导员引领学生必须思考的重点，在哲理的探寻与实践的摸索中，让学生在内心中坚定信仰与信念。对照教育部辅导员职业能力标准文件中的工作内容、能力要求及相关理论和知识要求，辅导员的阶梯式提升发展需要学识理性逐渐深入、宏观格局逐渐扩大、能力要求渐进提高。辅导员的专业化发展中，应以学生为中心，将日常思政、教学、科研结合，揭示大学生思想行为的发生、发展、变化规律。日常思政工作为教学科研提供了鲜活、丰富的第一手资料，教学科研要从学生最关切的问题中发现最真实的选题。辅导员工作室及科研团队的打造让辅导员从"单打独斗"变为"团队作战"，学科知识及研究能力优势互补，进一步聚焦遇到的机制性难题与创新性问题，以学生成长为导向开展问题导向式、专题项目式研究。

（四）抓实学生日常教育管理，在生活化中渗透思想政治教育

大学生思想政治教育的载体多种多样，辅导员每时每刻都在开展的学生日常教育管理是最基本、最重要的途径和抓手。从学生入学迎新到毕业就业指导，从获得成绩时的开心到应对突发事件时的焦虑，辅导员以亦师亦友的亲密陪伴与学生结成教育命运共同体。学生把辅导员当作自己的人生导师和知心朋友，就会在内心里接受辅导员所进行的政治引领与价值引导。"灌输法"与"环境熏陶法"相结合，显性教育

与隐性教育相结合,言传与身教相结合,方能促进思政教育效果的提升。思想政治教育生活化强调建立以学生生活为中心的教育,将学生生活中的现实资源作为思政教育切入点,让学生道德品质的形成回归并依托于学生的生活实践。思想政治教育的话语表达与实践表现皆贯穿学生的日常生活实际,是思想政治教育应然向度与实然向度的统一。在生活中,辅导员通过面谈、朋友圈等与学生交流,解决思想问题与解决实际问题相结合,引导学生以建设性的视角来科学、理性地认识社会问题。生活化思想政治教育中细微的小事、无时不在的服务,让学生对辅导员在心理上、情感上产生认同,思想政治教育在学生心底打下深刻烙印。

基金项目:教育部哲学社会科学研究重大课题攻关项目"人工智能的哲学思考研究"(项目编号:18JZD013)

新时代高校意识形态工作的四个
"防范"与四个"着力"

上海海洋大学党委宣传部／郑卫东　徐　凌

　　意识形态工作是党的一项极端重要的工作。做好意识形态工作，事关党的前途命运，事关国家长治久安，事关民族凝聚力和向心力。高校是意识形态工作的前沿阵地，做好高校意识形态工作是全面加强党对教育工作领导的核心任务。

　　党的十九届六中全会充分肯定了文化建设和意识形态工作取得的成绩，指出党的十八大以来，我国意识形态领域形势发生全局性、根本性转变，但不可否认的是，高校意识形态工作面临的风险和挑战依然严峻，必须着力加强。

一、筑牢思想根基，防范思想上"分化"，着力发挥宣传教育主阵地作用

　　思想政治工作是党的优良传统、鲜明特色和突出政治优势，是一切工作的生命线。要巩固马克思主义在意识形态领域的指导地位，巩固全党全国人民团结奋斗的共同思想基础，旗帜鲜明地宣传马克思主义，坚决同各种违背马克思主义的错误思想作斗争，切实加强宣传教育，让党的创新理论和社会主义意识形态"飞入寻常百姓家"。

（一）坚持和巩固马克思主义在高校意识形态领域的指导地位

要深入学习贯彻习近平新时代中国特色社会主义思想，始终抓好马克思主义的宣传教育，深刻认识"中国共产党为什么能，中国特色社会主义为什么好，归根到底是因为马克思主义行"，要扎实推动马克思主义学院高质量建设，大力推进思想政治理论课改革创新。深入学习习近平总书记关于百年未有之大变局的系列重要讲话精神，经常性、有针对性地面向师生开展国际形势报告，把握"西方霸权日渐式微"之趋势。加强意识形态形势研判，通过案例对比等形式，结合冷战及苏联解体的教训，揭示资本主义制度及其价值观的性质、西方"制度模式"存在的弊病，从而让青少年更加坚定中国特色社会主义道路自信。

（二）坚守为党育人、为国育才

大力弘扬伟大建党精神，贯彻新时代党的教育方针，坚持立德树人，深入推进"三全育人"综合改革。引导广大教师以渊博的学识吸引学生，以高尚的情操感召学生，将社会主义核心价值观融会贯通到日常教学内容，推动理想信念教育常态化、制度化，增进大学生对习近平新时代中国特色社会主义思想的政治认同、思想认同、理论认同、情感认同。

（三）坚定信念和底气

围绕建党百年伟大成就、人民至上理念的坚守，用中西对比来彰显中国力量，深刻认识"中国之治"的优越性，把理论的穿透力同情感的亲和力结合起来，从而让广大青年学生更加坚定在中国共产党领导下，坚持走中国特色社会主义道路，实现中华民族伟大复兴的信心和底气。要把透彻的说理同鲜活的语言结合起来，用生动、鲜活的正反两个方面的案例来教育学生。有针对性地回答大学生关心的热点问题，真正使青年学生成为中国特色社会主义的坚定信仰者、自觉践行者和积极宣传者，让"平视世界的一代"自信向前，以实际行动践行"请党放心，强国有我"的青春誓言。

二、加强管理引导,防范课堂内"淡化",着力发挥课堂主渠道作用

要按照"守土有责,守土负责"的要求,牢牢把握课堂意识形态话语权,绝对不允许在课堂上出现攻击诽谤党的领导、抹黑社会主义,以及各种有损害党中央权威、违背党的路线方针政策的言行,从而把各种不良情绪传导给学生,不能让课堂成为传播西方价值观的"传声筒"。

(一)坚持"学术研究无禁区、课堂讲授有纪律、公开言论守规矩"

加强课堂教学管理,严肃教学政治纪律。严格执行教师教书育人工作规范,划定底线红线,深化师德师风建设,并将相关要求落实到招聘、聘用、考核等教师管理具体工作中。严格把控课堂教学内容,认真审查课件、教材、参考书目等课程资源的使用情况,牢固树立课堂教学底线意识,抓实抓紧课堂教学这个教学活动的主渠道。

(二)大力加强思政理论课建设

思想政治理论课对于培养大学生正确的世界观、人生观、价值观及良好的思想道德品质而言具有十分重要的意义。习近平总书记指出:"青少年教育最重要的是教给他们正确的思想,引导他们走正路。"作为落实立德树人根本任务的关键课程,思政理论课的作用不可替代。必须要培养一支具有较高水平的马克思主义理论课教师队伍,以习近平新时代中国特色社会主义思想为核心内容,加强思政课的课程群建设。要根据学生思想动态和舆论动向提出及时可行的思想政治教育工作思路和办法,不断增强思想政治理论课内容的思想性、理论性、针对性,兼顾形式的多样性、亲和力,全面推动习近平新时代中国特色社会主义思想进教材、进课堂、进学生头脑。

(三)着力推进课程思政建设

课程思政的本质在于价值观培养,要进一步发挥课程育人作用,强

化课堂价值观引领。要发挥各类课程与思政课的协同效应,深入挖掘提炼各门课程所蕴含的思政元素和承载的思政功能,逐步实现课程思政全员、全课程、全层级覆盖。要着力提升教师课程思政建设的意识和能力,鼓励高校教师在讲授知识的同时,将其背后蕴含的正确价值追求和理想信念以润物无声的形式传递给学生,促进各类课程与思想政治理论课同向同行。

三、加强责任传导,防范引路人育人中"虚化",着力发挥教师"主力军"作用

要回答好"培养什么人、怎样培养人、为谁培养人"这个至关重要的问题,教师这个引路人非常重要。习近平总书记指出,广大教师要做学生锤炼品格的引路人,做学生学习知识的引路人,做学生创新思维的引路人,做学生奉献祖国的引路人。广大教师需要明确自身角色定位,对学生的品格、知识、创新等方面进行引导。坚决防止个别高校教师意识形态观念淡薄,在课堂上出现侮辱英烈、编造历史、污蔑党和国家、鼓吹西方等事件。

(一)牢牢把握意识形态工作领导权

强化党管宣传、党管意识形态,牢牢把握党对高校意识形态工作的领导权、管理权、话语权。要坚持完善党委统一领导、党政齐抓共管、党委宣传部组织协调、各部门分工负责、师生员工共同参与的意识形态工作体系。强化落实学校党委及二级单位的领导责任和政治责任,充分发挥教师在意识形态工作的主力军作用,严格遵守政治纪律、政治规矩、教学纪律。

(二)强化教师党支部政治功能

加强教师党支部建设,强化党员日常管理,发挥党员在意识形态工作中的重要作用。在日常工作开展上,教师党支部应贴合贴近教师思想、生活、工作等实际,以座谈会、问卷调查、谈心交流等形式,了解教师

真正需求和所思所想,发挥团结凝聚教师的作用。在强化阵地建设上,要把贯彻党的路线方针政策、落实立德树人根本任务、加强意识形态工作融入支部日常工作。

(三)加强"双带头人"队伍建设

努力把有条件的党务工作者培养成学术带头人,把行政系统主要负责人、学科带头人培养成基层党组织负责人,让基层党组织负责人是懂政治的业务工作者、基层行政系统负责人是懂党建的行政领导者,整体推动思想政治工作队伍和教学科研骨干队伍建设齐头并进。

四、坚持守正创新,防范网络里"弱化",着力占据网络舆论主战场

互联网已成为意识形态交锋的主战场,在互联网这个战场上,能否顶得住、打得赢,直接关系着我国的意识形态安全和政权安全。要想打好网上舆论斗争的主动仗,就必须建好、管好、用好互联网这个重要阵地。必须根据网络在青年学习生活中地位和作用的变化,适时调整工作的重心和策略,着力占据网络舆论主战场。

(一)牢牢掌握网络意识形态主动权

高校意识形态领域总体积极健康向上,但不可忽视的是,长期以来,高校意识形态工作依旧面临一系列问题及挑战,西方敌对势力从未停止对中国的意识形态渗透。要以高度的政治责任感,强化舆论管控引导,做好校园网络话语空间的监管、净化与治理工作,增强斗争意识、发扬斗争精神,推动思想政治工作传统优势与信息技术深度融合,使互联网这个最大变量变成教育事业发展的最大增量。要密切关注网络发展的新动向、新趋势,主动融入师生关注度高的网络平台和网络社区,鼓励教师和学生骨干多形式参与互动,充分发挥正面引导作用,在网络空间弘扬正能量、传播主旋律。

（二）大力加强校园新媒体建设

高校各级党组织要牢牢掌握新媒体阵地的管理权，不断提升校园网、微信公众号、微博、抖音等新媒体平台的政治引导力和建设水平，创作出更多寓意深刻、生动活泼、丰富多彩的网络宣传作品。要充分发挥校园新媒体在坚持价值引领及推动理想信念教育上的作用，讲出"好故事"，传递"好声音"，通过改变话语机制等方式来提高青年学子的接受程度，把思想政治工作融入新媒体建设，不断提高校园新媒体的传播力、引导力、影响力、公信力。

（三）不断提升舆情监测及处置能力

当前，信息传播的全球化、自媒体化和上网主体的多元化与分众化，加剧了网络舆论场域的复杂性。在移动互联网的语境下，舆论生成方式和传播方式发生深刻改变，影响着意识形态的安全版图。少数别有用心者借热点话题肆意搅局、混淆视听、扰乱民心。在一些突发事件中，如涉高校和学生群体的网络事件，如果不能及时有效应对，任由网络谣言、非理性声音肆意传播，就有可能使不良影响从网上传导到网下，从校外传导至校内，引发次生问题。例如，近年来，在个别时政议题传播上，"低级红""高级黑"现象时有发生，一定程度上削弱了主流思想舆论和主流价值观的引导力与影响力。因此，必须将舆情监测工作进一步前置和强化，及时发现针对学生群体的网络舆论中的"伪民意"和各类不良信息、不良现象，有的放矢地予以批驳、引导，旗帜鲜明地加强正面教育，推动营造清朗的网络空间。

一方面，要不断完善舆情信息监测体系，构建引导干预机制，将网络舆情危机化解于萌芽之中，防止出现不良的连锁效应。另一方面，做好舆情研判并及时处置，积极拓展对话渠道，力争在发生网络舆情时及时回应学生多方面的情感诉求，真正将有效引导舆论、净化校园网络空间的工作落到实处。

精准资助暖人心　精心育人助梦圆
——"三精四扶"学生资助育人工作法

上海海洋大学经济管理学院／张光辉

一、工作背景与问题

　　精准扶贫是全面建成小康社会,实现中华民族伟大复兴中国梦的重要保障。"十三五"期间,全国各个阶层都将目光聚焦于精准扶贫。高校作为精准扶贫的前沿阵地,必须深入落实党和国家的重要政策。《高校思想政治工作质量提升工程实施纲要》指出,全面推进资助育人,使"扶困"与"扶智"、"扶困"与"扶志"相结合,从而阐明了高校资助育人工作的重点。党的十九大报告也明确强调:"应建立完善的学生资助制度,促进我国教育事业的优化发展,坚持育人为本、德育为先的理念,实现立德树人的根本目标,从而尽最大程度让每一位学生可以享有公平的教育资源。"2017年12月,教育部制定下发了《高校思想政治工作质量提升工程实施纲要》,将"资助育人质量提升"体系确定为十大育人体系之一,强调要"建立国家资助、学校奖助、社会捐助、学生自助'四位一体'的发展型资助体系,构建物质帮助、道德浸润、能力拓展、精神激励有效融合的资助育人长效机制",这是新时代高校思想政治工作创新发展的重大战略举措,为高校学生资助工作赋予了更为宽阔的战略视野与更为深邃的育人价值。因此,高校资助育人工作始于公平、终于育人,有着独特的使命担当,也一直是我国备受重视的国民工程。高校需要结合自身实际情况和当下时代发展的趋势,探索学生资助育人工作的新模式和新路径,以不断完善学生资助育人体系,充分发挥高校的资助育人功能。

家庭经济困难学生是高校大学生群体的一部分,是高校关心和关注的重点人群,他们的学习和生活,尤其是能否顺利就业,不仅关系到学生自身发展,而且关系到学生的家庭幸福和整个社会的和谐与稳定。近年来,在党和国家的大力推进下,国家对高校家庭经济困难学生的资助力度不断加强,资助体系也不断完善,使很多家境贫寒的学生得以顺利圆梦大学。但是,资助工作仍不可避免地存在一些问题,如资助本身所带有的隐性教育功能发挥不充分,经常表现为"助"的功能大于"育"的功能。随着"奖、勤、贷、助、免"高校资助体系的形成,输血式的资助已不能满足学生的成长所需。这就需要高校着眼于个人发展和社会进步这两个价值取向,将学生个人发展的价值诉求建基于社会进步的整体发展趋势之上,将"扶困"与"扶智""扶志""扶业"有机结合,强化全方位帮扶,进一步完善物质帮助、道德浸润、能力拓展、精神激励有效融合的"四位一体"长效机制,对学生的身心发展、道德品质培养、学业、就业等方面给予更多的关怀和帮助,促进他们全面发展、成长成才,为实施人才强国战略奠定前提基础。

二、具体方法与实践

上海海洋大学经济管理学院是学校家庭经济困难学生人数最多的学院,每年有近 400 名家庭经济困难学生。为了更高效地完成各项资助工作,实现学生资助从保障型资助向多元化、发展型资助转变,上海海洋大学经济管理学院紧紧围绕立德树人这一根本目标,提出了"学生为本、精细工作、精准资助、励志育人"的工作原则,并逐步明确了"三精四扶"学生资助育人工作法,着力从思想解困、经济扶困、心理疏导、学业帮扶、技能培训、能力拓展、就业服务等方面入手,将物质帮助、道德浸润、能力拓展、精神激励有效融合,精准认定资助对象,精准把握资助力度,精准推进资助育人服务,致力于帮助学院家庭经济困难学生群体在"扶思想、扶观念、扶信心"中积极树立起摆脱困境的斗志和勇气;在"扶知识、扶技术、扶思路"中着力提升自我解困的综合素质;在"扶认知、扶能力、扶素质"中综合培养核心素养,从而实现学生资助"解困—育人—成才—回馈"的良性循环。

(一)细化工作要求,精准认定资助对象

为了提高常规资助工作的效率,上海海洋大学经济管理学院从2009年开始就将家庭经济困难认定工作进行提前化和精细化操作,专门整理出了一份规范的《家庭经济困难认定、国家助学贷款填写指南》,在每个学年即将结束时,专门召开"帮困助学面对面"培训会议,将全院有贫困生认定和国家助学贷款需求的学生召集到一起,有针对性地对他们进行培训,并当场填写申请材料,安排专人进行审核。新学期伊始,在注册报到的同时,专门安排由"负责资助工作的老师+兼职辅导员+学生助理"组成的审核工作小组,对学生提交的申请材料进行二次当面审核,有错误的及时提出,并给出修改或补救的方案。事后,对于收到的相关材料,还会通过"学生事务中心助理审核—兼职辅导员审核—负责老师单独审核—学院认定工作小组审核"这一工作流程至少审核3—5遍。2019年9月,为了精准服务学生,确保学生资助日常工作高效完成,并培养家庭经济困难学生的综合素养,在领导的支持下,上海海洋大学经济管理学院将原有的学生资助中心改建为学生事务中心,其是一个集学生事务办理和学生发展于一体的资助育人式学生工作平台,主要承担奖助学金、毕业生就业、日常事务材料审核等工作。学生事务中心秉承"勤勉、认真、专业、高效"的服务理念,以"资助育人、励志感恩"为着力点,致力于培养一批具有"自我教育、自我管理、自我服务及自我监督"能力的优秀学生骨干,通过专业、高效、便捷的服务为学生的学习生活和发展提供精准帮助。以上这些举措大大减少了家庭经济困难学生认定、国家助学贷款、各项奖助学金等材料的错误率,保证了上报材料齐全、数据准确,同时也提高了工作效率,确保准时完成工作任务。经过大家的共同努力,上海海洋大学经济管理学院的资助工作在每年的目标责任制考核中基本都能保持零错误率。

　　为了进一步规范管理制度、监管责任、资助程序、资金管理、信息管理及队伍建设,每学期开学初,上海海洋大学经济管理学院学生工作办公室都会通过"绿叶论坛"、专题讨论会、学生座谈会等方式,再次梳理资助工作的各个模块内容,对所有的专兼职辅导员和学生事务中心的助理进行专题培训,使之更加熟悉操作流程、深化工作内容;同时,专门对以往形成的规范化评定细则等再次进行修订,在夯实基础工作的前提下,更加细化和完善每一项资助工作,逐步完善精细化管理的细节。

(二)强化建章立制,精准把握资助力度

　　资助工作涉及"奖、贷、勤、助、补、减"等各项繁琐的内容,每一个细节都有可能会影响到一个家庭经济困难学生的在校生活和成长成才。经过近几年的不断摸索,在学校相关部门的带动下,上海海洋大学经济管理学院目前已初步形成了一套较为精细化的资助工作服务体系,建立了"奖、贷、勤、助、补、减"六条主线和绿色通道等多元混合资助措施相结合的资助模式。为了更好地实现精准服务,上海海洋大学经济管理学院紧紧围绕"奖、贷、勤、助、补、减"六条主线,逐步建立了帮困助学分类档案、制定了各类奖助学金的评选办法(如《经济管理学院奖助学金评定精细化操作流程》《经济管理学院专项奖学金综合成绩计算办法》《经济管理学院基金评定办法》《经济管理学院国家助学金评定参考细则》等)、完善了勤工助学值班条例、明确了勤工助学岗位考核标准、实行了临时困难补助分级申报制度等,不断地规范各项资助工作的操作流程和管理制度,使资助工作更加透明化、科学化、规范化和精准化,更加准确地把握资助的力度。同时,积极拓展校内外的勤工助学岗位,选派合适的人选到各个岗位锻炼,并积极拓展校内的实习岗位,落实部分未就业学生的兜底帮扶,最终实现"不让一个困难学生因经济困难而辍学"的基本目标。

(三)创新工作思路,精准推进资助育人服务

　　为了将"扶困"与"扶志""扶智"和"扶业"有机结合,上海海洋大学

经济管理学院始终坚持帮困与育人相结合的工作原则,将解决学生的实际问题作为资助工作的第一要旨,并抓住一切有利契机来努力创新工作思路,积极运用"三精四扶"学生资助育人工作法,依托各种特色活动,将思想政治教育、行为规范教育、职业发展教育、心理健康教育和学生资助工作相融合,积极发挥资助工作育人功能,不断创新资助育人的路径,有力提升了资助育人的工作实效。为了更好地了解学生的实际需要,上海海洋大学经济管理学院精心打造"SHOU 一米阳光"勤工助学微信公众号平台,专门成立了学生资助服务组织——学生事务中心,还立项组建了"启·涯"职业发展教育工作室,积极搭建四个助力成长平台,即资助咨询平台、帮困助学平台、核心素养提升平台和实践锻炼平台。上海海洋大学经济管理学院充分发挥学生事务中心的组织发展功能,努力开拓学院学生资助线上平台的育人功能,积极挖掘校内外的勤工助学岗位等,为家庭经济困难学生提供多元化的资助咨询平台和帮困助学平台;通过开展精品讲座、主题课堂、团体辅导、专题工作坊、专业咨询与测评、朋辈互助、特色服务等活动,着力从思想解困、经济扶困、心理疏导、学业帮扶、技能培训、能力拓展、就业服务等方面入手,重点搭建家庭经济困难学生的核心素养提升平台;通过组织学生参观走访企业、出国出境交流,拓宽家庭经济困难学生的视野,加深他们对行业的了解,启发他们思考创新,从而更好地投入学习和实践。在此基础上,上海海洋大学经济管理学院着力打造五项资助育人品牌工程,即360°资助服务工程、资助主题教育工程、爱心学业帮扶工程、榜样引领示范工程、核心素养提升工程。360°资助服务工程对学生事务中心各部门的工作进一步进行细化分工,并安排好每日全天候值班,确保学生资助工作随时能够开展,同时积极拓展学生资助工作的范围,想家庭经济困难学生所想,满足家庭经济困难学生所需;资助主题教育工程充分利用开学季、毕业季、资助育人活动月等契机,主要围绕"资助政策知多少"、"励志成长你能行"、奖助学金颁奖大会、爱国感恩教育、"做文明诚信人"等主题活动,培养学生感恩励志、诚实守信、自立图强的优良品质,激发他们自立自强、勇于追求梦想;爱心学业帮扶工程创建"Better·More"学业提升计划,专门邀请学习优秀的学生组建学业帮扶小组,举办"特棒"英语魔法班、"Up"高数辅导班等,与家庭经济困难学生分享学习经验并提供学业辅导,促进他们学业进步,同时通过"书香传递"爱心捐助和"心手相牵"学业帮扶活动,实现高低年级学生间的爱心传递和学业互助;榜样引领示范工程借助"筑梦""领梦""启梦"系列活动,重点推出"榜样人物"访谈专栏并定期举办"启涯座谈"(朋辈示范)等,挑选勤工助学中的优秀人物、最高奖助学金获奖者等自立自强的优秀学生典范及毕业的优秀校友来讲述励志成才的青春成长故事,鼓励家庭经济困难学生在逆境中磨砺和锻炼自己,做有理想、有能力、有担当的有为青年;核心素养提升工程在原有能力提升特色活动的基础上,有序开展团体心理辅导、"职场·秀"专题工作坊、专业咨询、朋辈互助、特色服务等活动,以形成教学、辅导、咨询、服务"四位一体"的资助育人教育模式,致力于提升家庭经济困难学生的核心素养,从而为未来的职业发展奠定基础。

三、达成目标与成效

上海海洋大学经济管理学院"三精四扶"学生资助育人工作法将传统的保障型资助提升为教育型、发展型资助,充分地挖掘和发挥了资助的教育价值与功能,并将"扶困"与"扶志""扶智"和"扶业"有机结合,依托各类特色活动,积极构建物质上帮助学生、精神上培育学生、能力上锻炼学生的多元发展型资助育人体系,受到了师生的一致好评。多年来,上海海洋大学经济管理学院学生资助育人工作在每年的学校目标责任制考核中均能保持零错误率,也得到了各级领导的肯定和认可。

上海海洋大学经济管理学院"三精四扶"学生资助育人工作法以家庭经济困难学生的成长成才为主要目标,试图从思想、道德、心理、素质、能力等方面全面提升其综合实力;每次开展的活动主题明确、内容丰富,学生参与度较高,受众群体收获颇多。据不完全统计,2020年,家庭经济困难学生中,70%以上的毕业生签订了就业协议;25%的学生获得了"优秀毕业生"称号,23%的学生考取了研究生,获得各类奖学金的比例占40%以上;助学金的覆盖率达到了90%以上。

上海海洋大学经济管理学院"三精四扶"学生资助育人工作法的组织保障部门,不论是过去的学生资助中心,还是现在的学生事务中心,都承担了大量的事务性工作,为资助工作提供了很大的助力。目前,学生事务中心下设主席团、办公室、宣传部、组织部和办公室四大职能部门,以及资助管理部、奖学金管理部、综合事务部和公共服务部四大事务管理部门。自正式成立以来,学生事务中心提供了日常事务、教学事务、科研事务、院办事务、就业、资助、心理、易班、学籍等多项工作内容的服务。经过一年多的运行,学生事务中心初步实现了学生事务一站受理、后台办理、末端交付的再造流程,各部门的职能发挥及部门合作更为顺畅。

通过"三精四扶"学生资助育人工作法,家庭经济困难群体中涌现出一大批积极上进、勇于改变命运的优秀学生。其中,有毕业后直接留校的能者,有综合素质良好的直研博士生,有成绩优异的保送生,有能力突出的学生会主席,有斩获多项奖助学金的"学霸",有在各学生组织、各班级担任要职的学生骨干,也有目前在各行各业表现优秀的毕业生。这些榜样人物大多享受过"三精四扶"学生资助育人工作法的福利,同时也在一定程度上给其他家庭经济困难的学生树立了良好的典范,充分发挥了他们的示范引领作用。

上海海洋大学经济管理学院"三精四扶"学生资助育人工作法在育人模式上追求多样化、多元化,并不局限于完成学校下发的工作任务,而是充分挖掘资助育人的功能,通过多种有效且有特色的活动来帮助家庭经济困难学生获得思想上的转变和能力上的提升。培育内容涉及思想、道德、心理、素质、能力等多个方面,从而更能促进学生的全面发展,对其他高校的学生资助育人工作也具有一定的借鉴作用。

四、主要经验与启示

上海海洋大学经济管理学院"三精四扶"学生资助育人工作法之所以能富有成效,主要是基于以下原因:

（一）明确一份建设关怀

提高家庭经济困难学生的核心素养，助力其成长成才，提升资助育人水平。"三精四扶"学生资助育人工作法价值关怀的主要落脚点是让家庭经济困难学生在自立自强中成长成才，提升资助育人水平。在帮助家庭困难学生减轻经济负担的基础上，通过"扶思想、扶观念、扶信心"，增强学生摆脱困境的斗志和勇气；通过"扶知识、扶技术、扶思路"，着力提升学生自我解困的综合素质；通过"扶认知、扶能力、扶素质"，帮助学生强化就业实力。为了这份爱心满满的关怀，上海海洋大学经济管理学院的领导和学工队伍的每一位老师都倾注了大量的心血，学生事务中心的负责老师和工作人员也积极创新，精心组织了丰富多彩的活动，致力于让所有家庭经济困难的学生收获实实在在的幸福感。

（二）紧抓两个建设维度

思想引领和核心素养提升。一方面要围绕立德树人根本任务，充分发挥学生资助工作的思想政治教育功能，通过"扶思想、扶观念、扶信心"等一系列举措，促进家庭经济困难学生成长成才；另一方面要通过开展学业指导、团体辅导、专题工作坊、专业咨询、朋辈互助、特色服务等活动，形成教学、辅导、咨询、服务"四位一体"的生涯发展教育模式，致力于提升家庭经济困难学生的核心素养。

（三）依靠三支师资队伍

资助工作队伍、学生工作队伍和企业及校友专家队伍。"三全育人"视域下，高校资助育人需教职员工全员协同，高校资助管理中心工作人员、辅导员、机关干部、专任教师等都是高校资助育人的主体。但是，在平时的工作中，还需要进一步明确高校资助育人的核心师资队伍。上海海洋大学经济管理学院"三精四扶"学生资助育人工作法主要由资助工作队伍（资助工作主要负责老师＋学生事务中心）负责常规的资助工作和特色活动的开展；主要由学生工作队伍（辅导员＋"启·涯"职业发展教育工作室＋经才生涯工作室＋经心就业工作室)负责家庭经济困难学生的思想政治教育和能力培养;主要由企业及校友专家队伍为家庭经济困难学生提供经济支持、能力辅导、榜样示范等。

三元交互决定理论视角下高校党建育人的路径优化研究

上海海洋大学工程学院／晏　萍　刘绵琦　丁国栋

　　高校党组织紧密围绕党的基本路线和中国共产党的奋斗目标，通过思想、组织、作风和制度建设，发挥党员同志的先锋模范作用，提升高校党组织的凝聚力、向心力和战斗力。在互联网飞速发展的当下，物质生活富足、信息获取便捷，但受多元文化与思潮的影响，传统的育人观念和教育方式也面临着不进则退的境况。高校党建是新时代党的建设伟大工程的重要组成部分，是立足立德树人主要阵地、助力人才培养范式革新、促进社会发展行稳致远、推动党建工作提质增效的核心关键。新时代下，高校党建必须坚持党的领导，全面贯彻党的教育方针，凝聚资源力量、坚持成果导向，矢志不渝地落实"为党育人，为国育才"的使命担当，因地制宜、逐层递进，使价值引领深入人才培养"润心、铸魂、育人"的各环节和全过程，推动高校思想政治教育提质增效。

　　回顾国内相关文献，多数学者通过梳理高校党建育人存在的问题，提出解决问题的对策；还有学者从协同育人理论视角出发，提出构建高校党建育人的模式。基于社会学理论分析高校党建育人的文献很少，少数文献应用社会学习理论对学生学习效果获得进行了研究。运用社会学习理论，分析个体学习成果和育人效果，有很强的理论适应性和实践指导价值。当代大学生具有鲜明的自我个性，他们摆脱了"听说式"的认知、学习模式,往往只有在内心真正认同某一标准和规范之后,才会选择接受并将其作为自己外化行为的指导依据。进入新发展阶段,在高校党建育人的研究进程中,遵循学生成长规律,应用社会学习理论,从学生本身的认知结构和学习模式入手来分析高校党建育人问题,具有重要意义。首先,本文阐述了社会学习理论在分析高校党建育人方面的合理性;其次,基于三元交互决定理论,分析了高校党建育人面临的困境;最后,提出了相关对策和建议。

一、高校党建育人的社会学习理论分析

(一) 社会学习理论

当代著名心理学家、社会学习理论创始人阿尔伯特·班杜拉以人的学习行为作为视角,提出了观察学习论、三元交互决定论、自我调节理论、自我效能论等理论模型。班杜拉认为,除了基本的条件反射外,人的其他各种行为技能并非先天形成,人的能力提升及各种行为能力的训练与获得,都是通过直接经验或间接经验。其中,通过个体参与所产生的积极或消极的结果是直接经验学习;而通过观察来了解榜样示范者的行为、经历、成长等并习得的过程,则属于间接经验学习。班杜拉的社会学习理论引入社会因素,打破了传统的以斯金纳为代表的行为主义理论框架,将信息加工与认知体系结合,通过表象与语言、参与与观察、认知与环境、调节与效能、内因与外因的融合,不断澄清个体的行为动机,增强个体的自我强化、觉察、判断、选择与反应,促进自我效能提升的学习过程和行为习得机制。

(二) 三元交互决定理论

基于社会学习理论对学习过程中的个体行为因果的分析,班杜拉认为,个体行为不能脱离人的认知而存在,从而提出三元交互决定理论,在个体进行社会学习的过程中,行为(Behavior)、人(People)、环境(Environment)是对人类行为产生主要影响的因素,同时也是在个体认知与学习过程中起主导性作用的三大要素,三者相互联结、相互作用、

相互决定。顺延该理论思路,在 BPE 结构模型中,人的因素主要是行为个体认知体系的建构,从而可以将 BPE 理论框架衍生为行为(Behavior)、认知(Cognition)、环境(Environment)的 BCE 决定模型。将此概念框架运用于高校党建育人研究,着重关注人的因素,在认知的改变重塑、环境的内外因素和行为的综合实践体系之互动促进中分析问题,打通壁垒、丰富架构,开拓现阶段工作领域的可视化边界,完善方式方法并找寻创新支点,提升学生的自我调节效能,实现高校党建育人水平的全面提升。

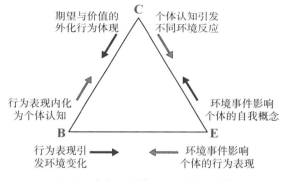

三元交互决定理论基于认知的衍生模型

(三) 高校党建育人的三元交互理论分析

高校党建育人是高校根据党的性质、宗旨与历史任务,遵循学生个人成长发展的规律,以"为党育人,为国育才"为目标,通过基层党组织的教育、引领、保障,以及多维互补的育人合力,促进青年学生"五育并举"地全面发展所开展活动的总称。在立德树人的培养体系中,高校党建育人更是贯穿始末,并发挥着引领、导向、规范和教育的功能。

将三元交互决定理论模型引入高校党建育人路径优化的研究,着重立足于培养对象本体,遵从学生成长发展的客观规律,在生涯发展的线性视野中,从认知澄清、环境营造、行为体系三个维度,转变传统育人观念,体现三者之间"你中有我,我中有你"的交互性。其中,"行为"侧重于学习过程中的学习个体的行为实践方式;"认知"表现为学习个体对行为的思想认识、目标确认与行为觉察;"环境"包含了体现认知、觉察、行为的内外生态环境。通过双向赋能理论与实践,以期在促进主体认知提升与进步的基础上,营造积极争先创优、选树榜样典型、学习先进事迹的多维交互的立体育人生态环境,赋予青年学子体验感、获得感和价值感。在拼搏向上的氛围中,更大程度地发挥情境的育人功用,汇聚合力,推动学生党员、基层党支部、校院党务工作者等各主体层面的多重发展进步,为高校党建工作筑牢基底,为育人目标的实现找准方向。这不仅有助于拓宽研究视野,促进党建育人的实践理论实现融合并向纵深发展,更能使得"以学生为中心,以目标为导向,持续改进"的教育理念在育人各环节中进一步得到彰显与阐发,推动"为谁培养人、培养什么人、怎样培养人"在党的建设领域得到新的解答。

二、高校党建育人面临的困境分析

新时代背景下,正确把握问题本质和机遇脉搏,是充分发挥党建育人功能的现实需要。高校是育人铸魂的主阵地,是坚持党的领导的强基石。随着时代发展,国内外环境不断变化,高校党建育人在认知、环境及行为的三维交互视域下面临诸多挑战与机遇。

(一)传统价值受挑战,思想引领作用被弱化

学生党员是高校基层党组织的重要组成部分,既是构成党组织枝干力量的基本要素,又是焕发党组织肌体活力的细胞单位。现阶段,面对纷繁复杂的信息网络环境,部分青年学子缺少科学、客观的辨别力与判断力,表现出信仰之基不牢、责任意识与主体意识不到位、降低自我要求等状况,学生在思想认知层面存在自我觉察模糊、目标意识动摇、行动力下降、担当风险意识弱化等问题,模范带头作用不显著。

党务队伍建设是高校党建肌体的血管网,是推进党建育人的关键单元。近年来,党务队伍建设发展稳中有进,但仍有新的问题不断涌现:一是学习不深入,对党建工作的认识度和理解度不足,日常工作中的惯性思维导致感召力与向心力缺失;二是队伍力量薄弱,核心人员身

兼数职,基层党务人员分身乏术、精力不足;三是党支部战斗堡垒弱化,基层队伍对党建工作引领推动业务工作的认识不足,榜样典型挖掘不充分,未能使党建工作与思政工作充分融合、相互促进。

(二)工作载体欠丰富,内外氛围营造不浓厚

高校基层党组织建设是推进党建育人的重要抓手。三元交互决定理论模型中,环境与认知之间相互促进、相互影响,当青年学子所处的基层党组织的环境氛围积极向上时,个体的认知体系也会积极;反之,个人认知就会趋向消极,归属感减弱,向心力不足。

2021年,《中国共产党组织工作条例》出台,对党的组织工作作出全面规范,是做好新时代党的组织工作的基本遵循,但在高校基层组织的建设中,依旧存在思维固化、开拓性不足的现象。部分基层党组织在工作方法上略显老旧,少创新、不大胆,循规蹈矩,组织生活形式单一,生动性和趣味性不强,引领效果不明显,未形成自觉学习的良好氛围。个别基层党组织的政治功能发挥不够,优势不突出、难彰显,主要体现在凝心聚力作用不明显,支委会等关键少数力量把握不牢,"牛鼻子"没牵住,榜样示范和比学赶超的氛围尚未形成,没有最大程度发挥师生党员的先锋模范作用。要通过党员发动、组织、引领群众,进一步优化党组织的向心力和战斗力。

在组织模式及育人环境的营造方面,当前高校党建育人工作在学校党委、二级学院党组织、基层党支部的三级管理模式下,能够掌握话语权和主动权,但随着互联网时代背景下融媒体的发展,学生的主体意识不断增强,与主流思想的不一致性对青年学子的思想意识产生较大影响,以致稳定运转、可持续反馈的内外部生态模式尚未形成。党建活动室、党建文化角、红色驿站等场所的育人氛围合力不足;官方微信、微博、视频号等新媒体内容不够深入人心,宣传影响能力有待提高,为党建育人工作成效添翼助力、赋能提质的作用不明显;此外,协调动用各方资源、联动党团组织力量、增添党建温度的力度不够,存在党员与非党员、党员与党员之联系不紧密,以及育人环节连贯性弱等多重问题。

(三) 行为体系缺黏度,实践反馈环节未闭环

三元交互决定理论模型显示,参与者在开始某个行为之前,会衡量自己的参与动机、投入程度、胜任力与获得感,这种认知力受组织者的引导、启示与启发,有效的活动组织会提升参与者的兴趣与效能。近年来,高校"党建+思政"的育人模式大力发展,育人质量不断攀升,但部分党组织在推进育人工作的过程中,依旧存在党建工作和思政工作缺少结合度的现象,"党建+思政"概念狭隘化为党务工作。在具体工作中,"党建冠名"的现象时有发生,未能使党建工作与思政工作深度融合以实现实质化效用未能发挥"1+1>2"的"三全育人"协同效应。因此,在"党建+思政"的育人环节,育人提质点难聚焦,引领作用难体现,不能达成浸润人心、提升干劲、服务大局的预想目标。

在构建"党建+"育人平台与协同推动提升高质量育人内涵方面,第一课堂的理论体系构建完整,但第二课堂的实践教育体系构建略显不足,未满足培养全面发展的应用型人才的要求,欠缺对校友、企业等社会资源的挖掘,对重塑青年学生价值体系作用的发挥不充分,未能形成科学、长效、可推广的经验,经常出现一枝独秀的现象。同时,未能建立科学的动态反馈机制,无法让行动的结果促进认知的转变和环境的再营造,从而提升自我和组织的效能。在对高校党建育人的考核评价中,缺少动态的评价反馈机制,从而使党建队伍的主观能动性下降,影响了高校党建育人质量的提升,未实现高校"党建+"育人动态评估反馈调整体系的闭环。

三、三元交互决定理论作用下完善高校党建育人的路径

新时代下的国家建设需要价值取向正确、政治信仰坚定、学习能力突出和业务水平精湛的复合型人才,高校党建育人必然要承担起以社会需求为导向的人才培养之重任。围绕行为、认知、环境三个交互点,透过现象看本质,从认知改变、环境重组、实践反馈三个方面,构建高校党建育人的优化路径,使得高校党建工作立足本身,在立体化、进阶式的教育体系中浸润融合,担当时代重任、开创发展新局面。

（一）构建"一体两翼"的党建育人认知体系

认知是一种意识活动，是人们心灵世界对客观外在的认识与感知，是个体所持世界观、人生观、价值观的直接表达。着力构建"一体两翼"的党建育人认知体系，即以学生为主体，以"队伍建设培育"和"思想引领教育"为两翼，坚定理想信念、提升自我修养、提高政治站位，发挥辐射带动作用。

（1）见思想——构建体系思维，严守"三会一课"主阵地

要提升学生党员的教育管理质量，利用主题党日、组织生活会、党内专题教育等活动，组织其认真学习党的理论知识。要创新活动形式，将"三会一课"制度融入学科建设、专业发展、课程思政等各个方面，积极提升活动质量，围绕党的政治生活中的"时事""大事"和党员群众现实生活中的实际问题，选取有针对性的内容开展教育，进一步凸显引领性和实效性。要严肃党内政治生活，突出纪律性和组织性培养，提升学生党员对党组织的归属感和自身的主人翁意识，培养勇于负责、敢于实干的担当精神。

（2）见水平——注重率先垂范，提升党务工作的科学化水平

党务队伍要加强学习与培训，以身垂范，转变惯性思路，提高课程设计能力，掌握新媒体技术的运用方法，迎合大学生的心理需求。要充分发挥"双带头人"的示范引领作用，既要积极作为，又要奋力敢为。例如，开展支部书记"微党课"竞赛活动，在不断的设计与打磨中，提升个人能力并优化工作效力。要积极吸纳优秀学生党员参与支部管理，提升支部活力与朝气，让高校党建工作更加贴近学生的心理诉求。

（3）见榜样——选树榜样典范，发挥朋辈引领作用与组织感召力

要积极开展榜样教育，以发现的眼光来探索身边各领域发挥模范作用的先进人、典型事，如积极投身志愿者工作的党员群众、社会浪潮的就业创业先锋、支持祖国边疆建设的基层公务员等，都可以作为宣传教育的生动案例。要搭建实践平台，开展浸润式教育，发挥党员的示范带头与辐射作用，让青年学子在参与中体会、感悟、激发、反思、塑造、再出发。例如，组建志愿服务基层工作宣讲团，开展支部共建、联建，传播

感人故事,弘扬奉献精神;以支部为单位成立机动志愿队,在加强日常管理的过程中,促进学生党员全面发展,推动其服务意识的进步与综合素养的提升等。

(二)营造"内外融合"的党建育人生态环境

良好的环境是成长成才的"培养皿",营造"内外融合"的党建育人生态环境,既要丰富外部"硬"支撑,又要提内部升"软"实力。

(1)完善机制保障,助力党建与业务的双融双促

要聚焦中心、服务大局,寻找党建工作与业务工作及思政工作可互联互通的结合点,在此基础上建好框架,推动制度改革进一步创新,强化党组织的政治功能和组织力。要贯彻落实《中国共产党普通高等学校基层组织工作条例》,树立主体意识,明晰权责范围,有规可循、有纪可依,推动基层党组织工作规范化实行。要完善党建工作体制机制,推动党建工作和中心工作深度融合,如将党支部建在重点科研攻关团队上;配齐配强各党支部支委,制定奖励办法;在责任落实上,明确各基层党支部书记兼系副主任,增强主动服务意识,承担基层具体业务工作等,形成"一盘棋、一条心、一股劲"的并进合力,促成齐抓共管的工作格局,充分调研、反复酝酿,促进评优评先等日常教育管理工作的贯彻落实。

(2)丰富载体功能,营造拼搏向上的生态环境

要丰富校园中的物理情境,将党建育人元素融入日常环境下的客观载体,让校园建筑可阅读、大楼有故事、交流有温度,从而潜移默化地实现育人的最终目的。例如,在图书馆等学习场所建设党建角、自习室、休闲驿站等。要借助新媒体蓬勃发展的态势,关注网络载体的情境建构,提升环境建设的敏感度,将官方微信、微博、视频号努力建设成为党建育人工作的宣传阵地和展示平台,以更加优质的原创内容来实事求是地展现各阶段育人成果。例如,开设专题板块,从志愿服务、实践活动、科创比赛等方面,宣传先进人物事迹、弘扬先锋模范作用,全方位建成拼搏向上的党建育人生态环境。

(3)注重模式互补,打造贯穿式的培养体系

基层党支部要以学生党员为中心,促进联组学习,加强党团融合,

激发内部思想活力,特别注重对共青团员、入党积极分子的协同培养,提升支部综合执行力和创新驱动力,严把党员质量发展关。在党员培养发展方面,要形成具有支部特色的工作方法和工作体系。例如,在团委、学生会等组织中,通过实际工作,培养与考察入党积极分子的政治性和纪律性;在每一次的组织生活中,轮流邀请入党积极分子参与观摩;在党员发展环节中,以现场答辩、支部党员表态讨论的方式,进行培养对象的选拔等。要通过组织交流、观摩等学习方式,打开视野、吸取经验、查缺补漏,着力打造贯穿式的一体化培养体系。

(三)形成"三元六度"的党建育人行为体系

坚持立德树人根本任务,牢记"为党育人,为国育才"的理念,基于三元交互决定理论模型,以提升思想政治教育效度为目标,构建"三元六度"的党建育人行动体系。将党建育人融入学生社区、学校氛围和社会环境,形成"党建育人+"工作模式,让党建工作在学生社区上提升温度和感度,在学校氛围上丰富维度与厚度,在社会环境上产出能度与效度,相互影响、相互牵引、共同提升。

(1)"党建育人+思政育人",建设全覆盖的教育网络

在现代大学治理的实践探索中,党建引领的思政育人模式所发挥的效用越发显著。当前,"党建育人+思政育人"的表现形式在改变,"云端"乍起、"微课"兴发,从而能够实现随时随地进课堂;利用现代网络平台,拓展出更加多样的教学模式,如泛雅授课、腾讯开讲、钉钉课堂,从而充实了教师的授课方式,丰富了学生的学习途径;通过高科技设备,如 LED 显示屏,连续滚动育人案例,从而实现了党建引领思政教育的网络全覆盖。

(2)"党建育人+文化育人",营造潜移默化的育人氛围

可以在学生宿舍等生活场所打造标准化党建活动室,促进组织生活温度融入日常生活感度,推动党员教育管理场所的多元化发展和跨越式创新。可以在学校教学楼布置红色文化长廊,并设立党建角与展示窗,切实提升学生活动空间的舒适度和自由度,从多个维度促进文化浸润,潜移默化地增加学生思想厚度。

（3）"党建育人＋实践育人"，构建教学相长的实践体系

要盘活可用的校友资源与社会资源，使党建育人与实践育人深度融合，最大力度实现实践反哺育人成效，积极开展校友访谈、校企合作交流等"沉浸式教学"实践活动。例如，以工科背景为依托，开展"行走中的工匠精神"主题访谈活动，鼓励青年学子与各行各业的校友、企业劳模和业务精英开展对话，在交流中倾听示范者的奋斗故事，激发内在潜力、发挥自我行动价值，以实际行动提升综合能力，以切实感悟增强工作效力，将抽象的"工匠精神"落细落小为自身的一言一行，从而实现激励学生正确认识自我、理性规划大学生活、明确未来发展的教育目的。

（四）建立"动态反馈"的党建育人评价体系

高校党建育人评价是评价主体对高校党建育人水平及成果进行考核并作出评价的过程，是保证高校基层党组织创先争优常态化、长效化的具体举措和有效路径。近年来，高校基层党建对考核评价的重视程度不断增强，但基于不同的情况，各组织间的考核标准与方式方法有所不同，大多只注重形式，对反馈体系的建设缺乏综合性思考。围绕上文在三元交互决定理论的基础上总结出的问题和路径，针对党建育人在认知、环境、行为三方面投射的基本要素点，应致力于评价体系的建设，通过主客观综合评价方式，在考核主体、考核内容、考核方式的设计上加入对内在认知培养、外在育人环境营造和具体行为成效的考量，深入剖析多层次内容，建立目标价值、组织建设、队伍建设、制度建设等考核指标体系，明确各级观测点或监测点，充分发挥育人成效质量评价作用，创新发展育人过程"动态反馈"，实现高校党建育人路径的闭环。

图书在版编目（CIP）数据

新时代高校"三全育人"落实机制的构建与实践/
王宏舟主编；宋敏娟，郑卫东副主编.--上海：上海
三联书店，2025.5
ISBN 978-7-5426-8412-7

Ⅰ.①新… Ⅱ.①王…②宋…③郑… Ⅲ.①高等学
校-思想政治教育-研究-中国 Ⅳ.①G641

中国国家版本馆 CIP 数据核字（2024）第 048387 号

新时代高校"三全育人"落实机制的构建与实践

主　　编/王宏舟

副 主 编/宋敏娟　郑卫东

责任编辑/宋寅悦

装帧设计/一本好书

监　　制/姚　军

责任校对/王凌霄

出版发行/上海三联书店

　　　　　（200041）中国上海市静安区威海路 755 号 30 楼

邮　　箱/sdxsanlian@sina.com

联系电话/编辑部:021-22895517

　　　　　发行部:021-22895559

印　　刷/上海颛辉印刷厂有限公司

版　　次/2025 年 5 月第 1 版

印　　次/2025 年 5 月第 1 次印刷

开　　本/655mm×960mm　1/16

字　　数/260 千字

印　　张/16.75

书　　号/ISBN 978-7-5426-8412-7/G·1713

定　　价/85.00 元

敬启读者，如发现本书有印装质量问题，请与印刷厂联系 021-56152633